La Patria Albina

La Patria Albina

Exilio, escritura y conversación
en Lorenzo García Vega

Carlos A. Aguilera (ed.)

CONSEJO EDITORIAL

Luisa Campuzano Francisco Morán
Adriana Churampi Tania Pérez Cano
Stephanie Decante Waldo Pérez Cino
Gabriel Giorgi José Ramón Ruisánchez
Gustavo Guerrero Nanne Timmer

© los autores, 2016
© de esta edición: Almenara, 2016

www.almenarapress.com
info@almenarapress.com

ISBN 978-94-92260-06-2

Imagen de cubierta: © Arturo Rodríguez, 2016 [foto cortesía de Pedro Portal]

All rights reserved. Without limiting the rights under copyright reserved above, no part of this book may be reproduced, stored in or introduced into a retrieval system, or transmitted, in any form or by any means (electronic, mechanical, photocopying, recording or otherwise) without the written permission of both the copyright owner and the author of the book.

Carlos A. Aguilera
Presentación 9

Ensayos

Jorge Luis Arcos
El exilio como escritura 17

Margarita Pintado
Metafísica de un escritor no-escritor 33

Antonio José Ponte
Oficio de perder 43

Marcelo Cohen
Un lugar llevadero 49

Sergio Chejfec
El escritor plástico 59

Gabriel Bernal Granados
El boxeador, el encordado, la derrota 65

Rafael Rojas
Formas de lo siniestro cubano 71

Entrevistas

    Carlos Espinosa Domínguez
    Me dirijo a un lector que todavía no existe.................................95

    Pablo de Cuba Soria
    Confesiones del reverso... 109

    Enrico Mario Santí
    ¿Qué hacía el Arzobispo de La Habana leyendo *Paradiso*?......... 119

Conferencia

    Lorenzo García Vega
    Maestro por penúltima vez 151

    Biobibliografía de Lorenzo García Vega 187
    Agradecimientos 191

    Autores 193

Un día –se lo aseguro– su libro será leído como lo que es: uno de los testimonios más lúcidos de estos años infames.

Octavio Paz, *Carta a LGV*

Presentación

Carlos A. Aguilera

Como Gertrude Stein, Juan L. Ortiz o el turinés Ceronetti, Lorenzo García Vega no levantó una obra (habría que ver qué significa «levantar una obra») sino que, para decirlo de alguna manera, construyó una comunidad. Una comunidad anti-masa y anti-lector común. Es decir, allí donde la mayoría de los mortales más a gusto se sienten. Una comunidad anti-archivo.

Y no lo digo precisamente porque su obra subvierta el archivo: ¿es posible *a fortiori* subvertir un archivo?

Complicado, diría él mismo, caminando por aquel resbaladizo Mall donde cierta vez lo acompañé junto a Carlos M. Luis.

Complicado.

Lo que subvierten determinados escritores es una intención de lectura, un estereotipo lírico y acorde con la tradición, una historia cómico-mítica (como todas las coartadas nacionales además), un relato.

Y contra ese relato, que en su caso comenzaba por el siglo XIX (al que llamó con fortuna «La opereta cubana en Julián del Casal»), y proseguía por la república, la revolución, la nefasta Generación del cincuenta, el exilio, y no paraba hasta los *homes* de Miami, es que su literatura, casi toda ella inclasificable y aborrecida por las editoriales de renombre, había levantado su propio búnker.

Un búnker en guerra y antirilkeano, aunque en su obra se mencione muy pocas veces al autor de las *Elegías de Duino*.

Un búnker no pasional.

¿Puede (podría) haber pasión en esas repeticiones de Lorenzo, en esos delirios que siempre trocean todos sus textos, en esas obsesiones con ciertas palabras (rebumbio, reverso, matalotaje, huyuyo), en esa colchoneta vieja que según él cierta vez vio en un solar yermo y tantos *daydreams* le produjo?

Pasión sí –sin pasión sería imposible cantar hasta La Bayamesa. Lo que resultaría difícil encontrar en sus libros (es decir, en su búnker) sería lo pasional, tal y como se hace fácil en casi toda la literatura hispanoamericana de Baroja hasta nuestros días; el melodrama, el lloriqueo.

Ni siquiera *Devastación en el hotel San Luis*, su novela mala, como él la llamó siguiendo a Macedonio, se complace en el melodrama. Para no hablar de *Los años de Orígenes*, quizá el libro que mejor critique el artificio, la tapiña y el «secretico» en el mundo cubano.

Lo «venido a menos».

Mundo que paradójicamente no se acomodaba a su idea de literatura (digo paradójicamente porque a la vez le gustaba tararear algunos boleros y tangos de los treinta y los cincuenta), ni a su idea del no-género y el intersticio. Idea, esta última, que lo hacía entenderse a sí mismo como el vanguardista que nunca llegó a ser –uno de melena larga y cajitas a lo Cornell– y, a su vez, como una suerte de notario, de hombre nacido para levantar acta de todo.

¿No es precisamente esta tensión entre el espacio intelectual, histórico y loquito-ontológico la tensión que se respira, a veces con más énfasis, a veces con más rabia, en la mayoría de sus libros?

García Vega, quien convirtió el resentimiento en una suerte de concepto, tiene, sin dudas, algunas de sus mejores páginas, si descontamos otras dedicadas al Edipo o a la fecalidad o a sus obsesiones con el año 1936, escritas desde el resentimiento, desde una suerte de colmillo que más que odio supura autismo, como él mismo lo llamó…:

Dolor de cabeza.

Neurosis.

Queja.

Asco.

Pero nunca odio, tal y como aseguran algunos de sus detractores, intentando aplastar toda una mirada –la mirada del proctólogo– bajo el agravio moral.

Su literatura, tan llena de anécdotas y a la vez tan antirretórica, logró leer desde esa suerte de «sentimiento de estafa» no sólo una época, sino, y aquí viene lo difícil, una no-época, un delirio, un nombre, un año, tal como hace en *Variaciones a como veredicto para sol de otras dudas,* uno de los poemas más esquizos de finales del siglo XX, o en sus memorias últimas, en las cuales se repite lo mismo hasta al hastío, hasta lo ilegible casi:

> Raras veces ya, con mis buenos setenta años, me emociono. O no, no es así precisamente, para ser fiel a esta confesión (y confieso que me encanta la confesión, es una de las herencias que saqué de mi estancia con los jesuitas) debo decir que más bien que emocionarme raramente, lo que me está sucediendo es algo más lamentable, algo que..., me temo..., pero ¿cómo confesar esto?, tiene relación con mi avanzada edad y consiste en que, a veces sin ton ni son, precipitado por una musiquita televisiva o por un docudrama televisivo, me emociono de una manera desproporcionada y..., me temo..., hasta ridícula, frente a un padre fílmico que se vuelve a encontrar con hija fílmica, dejada de ver hace treinta años. Efectivamente, es así, los jesuitas interiores me obligan a confesarlo. Raras veces me emociono ante lo que verdaderamente debería de emocionarme y, sin embargo, debido a mis setenta años –enrojezco al decirlo–, puedo llegar, frente a un televisor, a experimentar esas emociones Pop que tan bien supo Manuel Puig expresar en sus novelas.
> ¡Cojones! (García Vega 2004: 135-136)

¿No son acaso lo ilegible, e incluso lo pop, e incluso el «habla mala», estrategias que en determinado momento un escritor tiene que asumir (y fingir) no sólo para llegar al límite de su escritura, sino de eso –y era su Caso– que lo atormenta, que no lo deja, sorna mediante, desenredarse a sí mismo?

Nadie hizo por llegar más lejos en esta operación que el propio autor de los *Rostros del reverso*. Al punto que, como bien ya han señalado algunos investigadores, la idea del Laberinto, de lo que se complica, lo que asfixia, lo que enreda, fue uno de sus lugares comunes más socorridos, eso a lo que siempre regresaba para construirse a sí mismo.

Experimento que, pienso, por desgracia, no ha sido leído hasta el fondo. Ya que este no tiene porqué negar el *pathos* y cierto sonambulismo del imaginario-Lorenzo, más bien, reafirmarlo, pensarlo de nuevo y colocarlo en una zona donde la contradicción se va a convertir en una especie de muñeco, marioneta que habla y habla y habla hasta que al final revienta.

¿Existe acaso algo más marionetesco que un viejo que se dedique a contradecir y a reducir a cero todo lo que dice/escribe?

¿Y existe algo más marionetesco que una literatura que borre constantemente sus huellas para intentar reconducir eso que desde el principio más que ficción es puro balbuceo, clínica?

No.

Lorenzo, y esto no sé hasta qué punto él lo sabía, era un personaje de Piñera, ese otro grande de la literatura en español. Un personaje de teatro: gordito, socarrón, ventrílocuo y con ojos de clavo. Uno de esos que de tan inteligentes y exactos a veces se pasan.

Y de ese «defecto»: en su literatura, en su mundo, en su hábitat, en su *trip*, es que van los ensayos y entrevistas que componen esta antología.

También, su «Maestro por penúltima vez», conferencia que dictó en el Caixa Forum de Madrid el 29 de abril de 2009 (dentro del ciclo *De poeta a poeta*, organizado por Edgardo Dobry), y donde accedió a hablar, de nuevo, y en bucle, de su relación con Lezama Lima. Esa relación que sin dudas durante tanto tiempo lo había atormentado y desmadrado tanto, y sobre la que escribió notas fundamentales en los *Rostros del reverso* y *Los años de orígenes*:

> [...] el Maestro hablaba desde la total locura, pero desde una locura bajo la cual uno, que había soñado antes con Groucho Marx, no se podía, del todo, sentir a gusto. Y eso, a veces, estaba muy bien. Y es que el Maestro, basándose en el *Diario* de Pedro Mártir de Anglería, transigió con el delirio de la clasificación y de la catalogación, y eso desde un banco de parque habanero estaba muy bien. Pero, lamentablemente, Lezama, repito, no podía dejarse llevar, hasta el final, por el delirio de plena locura que a uno le podía gustar, y eso sí estuvo mal, ya que él se dejó conducir por la fea pedagogía de la fundamentación católica.

Nerviosismo, fealdad y exactitud. Quizá estas pudieran ser tres buenas palabras para entender su poesía arrítmica y su arritmia mental, su prosa.

Fealdad e insistencia...

Lo demás, como él mismo sabía, es el futuro.

Y el futuro, ¿qué duda cabe?, son los textos que componen este libro y ese laberinto, el cual, visto desde arriba, parece una inmensa mancha de mudez y reflexión en medio de una literatura —la cubana— que sólo parlotea.

La mancha que sólo producen los grandes escritores y algunos, poquísimos, libros.

La mudez, que, como cierta vez me dijo, era el estado perfecto para «echarse a correr, encaramarse encima de una mata de mango, y ponerse a espiar a los viejos cuando, en Playa albina, se tumban a coger el sol».

Ensayos

El exilio como escritura

Jorge Luis Arcos

> Exiliada del mundo, Gelsomina
> Raúl Hernández Novás, *Sonetos a Gelsomina*

I

«¿Pesa el conocimiento como cae el brazo?», pregunta José Lezama Lima a Cintio Vitier en un poema. Con ese verso comencé hace muchos años un ensayo sobre el pensamiento poético de Lezama, y ahora, por otra razón afín, una serie de comentarios sobre la escritura del exilio o el exilio como escritura, de Lorenzo García Vega. En *Kaleidoscopio. La poética de Lorenzo García Vega* abordo este tema sólo de una manera oblicua, por lo que aquí intentaré desplegarlo unitariamente, porque es un tema transversal, que recorre toda su obra, y su vida también –enfatizo para resaltar la pertinencia del verso aludido.

Esa misma incertidumbre le acaece a LGV. Como «anacrónico» (según él) hijo de la vanguardia, le obsesiona la identidad entre vida y literatura. A pesar de la enorme importancia que tiene la *forma* en su obra –llega a desear formas abstractas, geométricas, plásticas–, a pesar de reconocer que, en el fondo, él era un «literatoso» (dice acaso con ironía), LGV supedita toda transfiguración verbal a una radical actitud vital (como se demuestra con su furiosa crítica a su maestro, Lezama, al origenismo e incluso a sí mismo en su libro maldito *Los años de Orígenes*). De ahí que –siguiendo a Witold Gombrowicz, y coincidiendo con el otro disidente del grupo Orígenes, Virgilio Piñera (también, como es conocido, muy afín con el escritor polaco)–, desconfíe de la Forma, de su peligroso hieratismo (a lo que tal vez aludió Lezama cuando escribió sobre el «cansancio de una forma» en *La expresión americana*), pero, sobre todo, del peligro de toda forma (o retórica conseguida) de congelarse, y constituirse más en un límite que en un acicate para la creación (lo que recuerda aquella crítica de Piñera a Lezama en una de sus *terribilia meditans*, cuando afirma que Lezama, luego de su creadora irrupción poética, comenzó a repetirse genialmente, pero a repetirse...).

Se pudiera afirmar que García Vega padeció una suerte de *paranoia formal*. Según su propio testimonio, los relatos de *Espirales del cuje* devinieron en un ejemplo de ese síntoma. Después de su primer poemario, *Suite para la espera*, en donde LGV se estrena como un «vanguardista anacrónico», aunque revelando y afirmando una legítima vocación creadora, aquellos relatos fueron considerados por él como resultado de la trampa de la gravedad origenista. Llegó a hablar incluso de la utilización de un «lenguaje enfermo», donde LGV reconocerá que traicionó su verdadera vocación creadora. No es un secreto que tanto Lezama como sobre todo Vitier y García-Marruz le hicieron profundos reparos al vanguardismo (surrealismo). Es como si LGV reconociera que luego del vanguardismo de *Suite para la espera*, *Espirales del cuje* encarnó su claudicación origenista. Paradójicamente, García-Marruz y Vitier vieron en esta narración la benéfica influencia de Lezama (más la afinidad con los temas origenistas de lo cubano y de la memoria), a contrapelo del «cerrado vanguardismo» (afirmaría García-Marruz) de la *Suite...*, juicio muy discutible a la luz de su final etapa creadora dentro de aquella estela vanguardista.

No puedo detenerme más en esta vasta y compleja problemática que fatigué en mi libro *Kaleidoscopio*, pero la indico aquí para poder establecer una relación clara entre la liberación de aquella tiranía, de aquella gravedad, de aquella marca origenista (que no se avenían con su sensibilidad, con su vocación, con su cosmovisión incluso), y la salida al exilio de LGV en 1968, y el posterior (muy posterior, por cierto) reencuentro con su vocación vanguardista primigenia a nivel de escritura. Porque fue a través de la experiencia de una escritura del exilio, como del exilio mismo (en lo que implicaron como liberación, ruptura, desvío y configuración de su catártica poética del reverso), que LGV finalmente reencontró su gesto más singular y creador.

2

No fue un camino fácil. Si García Vega llegó a sentirse constreñido por la gravedad origenista (es decir, por su discurso o gran relato) en *Espirales...*, después considerará también un intento fallido sus relatos de *Cetrería del títere*, ¡incluso hasta los de *Espacios para lo huyuyo*! Además de demostrar un inusual espíritu autocrítico –como fue típico de su radical menester de autoconocimiento–, estos juicios suyos demuestran una conciencia muy alerta para con los peligros del tantalismo formal, además de su vocación de ruptura con ciertas formas tradicionales del relato que, muy rápidamente, dejaría definitivamente atrás en su próximos libros, donde accede a una suerte de género proteico, abierto, kaleidoscópico..., muy en consonancia con su vocación vanguardista original y con la configuración misma del destino tanto de su obra como de su propia vida como un «oficio de perder», como una escritura kaleidoscópica, laberíntica, descentrada, exiliada, en clave siempre de fuga y de reverso...

Generalizo ahora: lo mismo que tuvo que «desviarse» de la impronta, la «nieve» origenista, tampoco se sintió identificado con la estética y la cosmovisión ideológica de la generación siguiente (que pudo, por edad, y por coincidencia de algunos contenidos ideológicos: ateísmo, freudismo, existencialismo, marxismo, cierta vocación «revolucionaria», ser la suya), la de *Ciclón* y *Lunes de Revolución*, es decir, la llamada Generación del cincuenta, o primera de la época de la Revolución, y a la que él aludió sarcásticamente en *Los años de Orígenes* como la de «los muchachos de la Rampa» («que querían ser políticos y embajadores», dice con sorna y alguna exactitud)... De ahí que cuando Vitier en 1968 ilustre, para LGV, con su conferencia «El violín», la «claudicación origenista frente al castrismo» (y hasta Lezama se convierta para LGV con el discurso barroco de *Paradiso* en una «momia del Boom»), no le quede otro camino a LGV que salir ese mismo año hacia el exilio (y recordemos que irónica y paradójicamente LGV fue negado por el discurso crítico de *Lunes de Revolución* como parte del discurso origenista). Como él mismo me explicó en una carta, este último hecho fue decisivo para su decisión de exiliarse. Es decir, un origenismo teleológico, queriendo encarnar la

Poesía en la Historia; un origenismo abandonando la pobreza cristiana, ética, radical, y asumiendo el discurso de «la pobreza irradiante» ligado al de la utópica ideología de la Revolución; así como abandonando también la marginalidad o intemperie de su etapa clásica o republicana para avenirse con la cultura oficial del castrismo; un origenismo (por medio de Lezama) convirtiendo la época de la Revolución en la última Era imaginaria, parte del sistema poético del mundo lezamiano, etcétera, más la irrupción de una generación con la que finalmente no terminó identificado y de la que, hasta cierto punto, se sintió expulsado (exiliado), fueron los motivos fundamentales para su exilio, y para formar parte, a partir de entonces, de lo que él mismo nombró como «un exilio sin rostro, sin identidad».

3

Pero antes de arrostrarnos en el comentario sobre la llamada escritura (o poética, incluso) del exilio de LGV; antes de penetrar en la Era imaginaria de Playa Albina (como él sobre nombró imaginal y amargamente a Miami) y en su cuerpo astral Vilis; antes de convertirse en un notario-no escritor —como se reconocerá en *Los años de Orígenes*–, o en un escritor albino, en un Doctor Fantasma (uno de sus delirantes heterónimos), o en un «escritor-no escritor», «*voyeur*», «monstruo», «vampiro», «artista *manqué*», «monje loco», «farsante», «payaso», «autor de textos ininteligibles» (o de «repertorios fantasmales», o de «libros mal escritos», o de «textos autistas»), «idiota», «títere», «místico del destartalo», «tratadista de cosas inexistentes», «viejo doctor fantasma», «anacrónico», «autista», «inmaduro», «extraño alquimista albino», «delirante», «constructor de cajitas», etc. (pues la lista de heterónimos y de autoparodias sería casi infinita) (y como alguna vez también llegó a sentirse Lezama a través de su *alter ego* Oppiano Licario), es muy importante indicar que LGV padeció antes *otro exilio*.

Otro exilio diríase que ontológico, arquetípico. Cuando en *El oficio de perder* –y en todo texto publicado a partir de *Variaciones a como veredicto para sol de otras dudas. Fragmento de una Construcción 1936*– LGV reconstruye el relato de su infancia –a veces con soterrada clave proustiana–, o como también hizo en su oblomovista texto «El santo del Padre Rector», de *Ritmos acribillados* –texto fundamental para comprender toda su obra-vida, y suerte de «retrato del artista adolescente» lorenziano–, lo hace a través de la utilización de un lenguaje de linaje psicoanalista (lenguaje que le fue siempre, por conocidas razones biográficas, sumamente familiar), pues se refiere al despliegue del «yo heroico» de su infancia... Ese «yo heroico», o ese *personaje* en que podía convertirse en su infancia, fue el único personaje *no perdedor* de su obra-vida; el único personaje no exiliado del mundo... Aquel será el tiempo, también, de sus «soplos» poéticos. Es decir, es el tiempo cosmogónico, mitopoético. Y encarna el único gran relato o relato sublime de su vida. Es el tiempo de la patria como infancia, digo en clave rilkeana. O, citando LGV a un oscuro escritor español, es el tiempo, dice, de «la cabeza de oro» –al que luego le sucederán, en franca sucesión entrópica, los tiempos de plata, bronce, cobre y barro (el de barro, por supuesto, será el que corresponde con el de su vejez, el del escritor albino, el definitivo, el del último exilio...). Funciona aquí una entropía en clase de reverso. Porque en la misma medida en que LGV avanza (¿avanza?) hacia su «cabeza de barro», su vejez («Yo nunca fui joven», afirmará), profundiza su consciente «oficio de perder», y despliega su escritura del exilio, paradójicamente reencuentra su más creadora vocación, la de *Suite...*, la de sus tiempos de «monje loco»: la de sus lecturas de los surrealistas franceses, a la vera del Curso Délfico lezamiano (creado inicialmente sólo para él); las de su maestro Macedonio Fernández y, posteriormente, de Gombrowicz, y de tantos escritores de vocación vanguardista: Juan Emar, por ejemplo, entre otros muchos, o de artistas plásticos, como Duchamp, Cornell..., y, en general, de toda la tradición neovanguardista contemporánea (tanto la de un grupo y revista insulares, Diáspora(s), como de los llamados «patafísicos» de Buenos Aires...). Vocación y escritura creadoras que ilustran sus últimos libros, por ejemplo: *Vilis, Palíndromo en otra cerradura. Homenaje a Duchamp, Papeles sin ángel, Cuerdas para Aleister, Devastación del Hotel San Luis, Son gotas del autismo visual* y *Erogando trizas donde gotas para lo vario pinto*, aunque esa tradición creadora, kaleidoscópica, de predominante poética plástica o poesía o relatos visuales, ejemplo del neovanguardismo lorenziano, tuvo su origen en la liberación que significó la escritura, ya dentro de la escritura o poética del exilio, de *Rostros del reverso*, *Fantasma juega al juego* y *Los años de Orígenes*, verdadero momento bisagra o vuelta de tuerca de su obra-vida, que alcanza su colofón omnicomprensivo con *El oficio de perder*. Porque ese momento de cambio, ya en el exilio, implicó una relectura de su pasado y una ruptura radical (órfica) con su obra-vida anterior

Pero hay un acontecimiento misterioso –por inasible y, a la vez, insoslayable–, el de sus diez años (final del tiempo de «la cabeza de oro»), en 1936, cuando LGV deja su pueblo natal y se va a vivir junto a sus padres a La Habana. Parece un suceso trivial en la vida de cualquier niño, quiero decir, no traumático, y sin embargo resultó un cataclismo –casi un antes y un después– tan fuerte, tan avasallador en sus consecuencias, como el de su posterior partida al exilio en 1968. ¿Qué acaeció entonces? No lo sabemos. Pero, junto al desplazamiento geográfico y afectivo (pues implicaba también el surgimiento de la posibilidad de una rememoración afectiva, una extrañeza en suma), ocurrió una ruptura psíquica profunda en esa conciencia hiperestésica que anunciaba al neurótico posterior.

LGV regresará a esa fecha arquetípica, cabalística, 1936, una y otra vez. No por ser un lugar común puedo obviar la nominación de ese hecho como el de la expulsión del paraíso, *otro exilio* (además del exilio que supone todo nacimiento). ¿Por qué la pérdida de su infancia es vista como un exilio infernal, una suerte de viaje al inframundo, extravío del alma, confusión con un mundo daimónico, aunque no sentido como plenitud, sino como infierno, purgatorio o destierro ontológico? No lo sabemos. Tampoco es necesario. Basta con constatar el síntoma y comprobar su poderosa presencia en su obra. Lo mismo sucederá con su inmediatamente posterior «enfermedad» psíquica. Lo importante será constatar las consecuencias que tiene para la fisonomía y el singular desenvolvimiento (la de su lúcida y extraña percepción de la realidad) de su obra-vida.

En fin, algo que participaba, por vía negativa, de su poética de lo inexpresable, acaeció entonces en ese «artista adolescente», algo que cambió radicalmente su destino. Sucede entonces su traumática estancia en un colegio jesuita, que LGV ha relatado en *Los años de Orígenes*, y que apresó definitivamente en el texto «El Santo del Padre Rector», donde el adolescente descubre por primera vez (y para siempre) la «misteriosa dulzura del frío que se acepta, del frío en que se penetra por secreta vocación». Porque ese «frío», ontológico, afectivo, insondable, será el frío del exilio, del *outsider*, del marginal, del perdedor... Sucede entonces también la muerte del Padre –del padre débil, como él reconoce–, y se refuerza su relación edípica con su madre –tiempo de su «vida con mamá», dirá con cierta ironía melodramática que siempre gustará de aislar en su ambivalente relación con lo *kitsch*. Y, finalmente, como él mismo ha relatado en *Los años de Orígenes* y en *El oficio de perder*, sobreviene su «enfermedad» (sus «esterotipias», sus extraños rituales, sus desdoblamientos de personalidad, la vital creación de heterónimos, o usurpación de otras identidades, etc.), tiempo donde LGV reconoce que comenzó a sentir la pérdida incesante de su identidad, y de lo cual se «salva» justamente cuando conoce a Lezama Lima, su Maestro (joven fáustico y maestro mefistofélico, escribí en mi libro), y este lo salva de la enfermedad a través de la literatura. Sí, pero ¿a qué precio? Bueno, ese es el punto ciego de su vida y de su poética del reverso y de su exilio incesante.

Este primer exilio, o suerte de exilio arquetípico, sin duda acentuado por su «enfermedad» o singularidad, ¿no decide ya, conjeturo, hasta cierto punto, la forma futura de su escritura, aunque ella no se adueñe de su forma definitiva, de su plenitud lorenziana, kaleidoscópica, tras un dilatado y complejo proceso, hasta ya avanzado su segundo exilio, el que se inicia en 1968?

De manera muy, muy general, podría aislar tres imágenes o símbolos de este primer exilio: la del primer libro que su maestro le indica como vía de salvación dentro del Curso délfico: *Los cantos de Maldoror*, de Lautréamont, que condiciona en parte su inmediata vocación vanguardista; la frase profética: «Muchacho, lee a Proust», que también le dice Lezama, y que condiciona también su acendrada poética de la memoria, muy vinculada a su incesante autoanálisis; y otra frase ambivalente de su Maestro: «Todo poeta es un farsante», que acentuó la condición daimónica del poeta y, en general, de la percepción poética de toda realidad. Asimismo, el propio LGV ha reconocido cómo lo influyó mucho la parte «delirante», «surrealista», de Lezama. Es decir, marco aquí tres aristas fundamentales de su poética más general, la del reverso y/o kaleidoscópica: la de la vocación formal vanguardista, onírica y plástica; la de la memoria, y la del complejo de Hamlet, como acaso afirmaría Harold Bloom..., muy ligado al síndrome Oblómov, cuestiones en que no puedo profundizar aquí, pero que trato extensamente en mi libro. Esa «memoria» que, aclaro enseguida, aunque coincide con la poética general originista, se desarrolla en LGV en sus antípodas, es la memoria de un exilio incesante, como los «restos de un naufragio»... Diferencia ostensible por su carácter freudiano o psicoanalítico; por su contenido existencialista, en clave agnóstica, incluso atea (aunque nunca abandona, como Cioran, la atracción por cierta mística), y, sobre todo, por su radical autoanálisis, reconoce LGV, citando a Valery, en función de su casi autista noción de la literatura como autoconocimiento.

Ese autoconocimiento sirve también para caracterizar el centro cosmovisivo tanto de su poética del reverso como de su escritura del exilio, donde predomina una como vocación rota, fragmentada, abierta, kaleidoscópica, de poderosa avidez plástica y en clave de reverso macedoniano, y, a la vez, una insondable conciencia de pérdida incesante de su identidad personal, que LGV trata de evitar con sus rituales formales o retóricos. De la conjunción de esas dos problemáticas (que él se encargará de tornar creadoramente relacionables): la de su vocación «anacrónica» vanguardista y la de su «enfermedad» o síndrome Oblómov, se deriva la posibilidad de calificar a toda la escritura de LGV como una escritura del exilio, no constreñida solamente a la del exilio físico de su patria.

4

Hasta ahora hemos visto muy generalmente cómo el destino literario de LGV se fue configurando como un dilatado, difícil y complejo proceso de pérdida y búsqueda de una identidad personal siempre en crisis, siempre en peligro de sucumbir a su «enfermedad» (período clásico, mitopoético, primero, y período barroco-romántico-vanguardista de muerte del dios cósmico, enajenación del yo o ego heroico, después, y, finalmente, ya en su etapa de Playa Albina, período de plenitud daimónica –que es como se le puede llamar a su final y definitivo hallazgo de su singular identidad creadora en clave kaleidoscópica, pero en clave también de reverso: oficio de perder, notario no escritor, antipoeta, perpetrador de novelas malas, de no relatos, etc., o creador de artefactos plásticos, textos kaleidoscópicos, atomizados, destartalados, inacabados, rotos, etc. –linaje creador que colinda con la marginalidad de toda estética de lo lírico, de lo sublime, de todo gran relato, de toda fijeza genérica, actitud esta que termina por hacerlo afín, por ejemplo, a la discursividad de un grupo insular como Diáspora(s)…

5

1968: salida al exilio físico: Momento de inserción dentro de la tradición del exilio histórico insular. Obsesión por escribir una *novela del exilio*, o destilar, como persigue obsesivamente en *Rostros del reverso*, un «conocimiento del exilio». Pero no perdamos de vista su singularidad. En ese su diario de creación (y ensayo, testimonio, autobiografía e incluso relato del exilio) *Rostros del reverso* (libro sobre el que afirmará Octavio Paz en una carta: «Pero un día –se lo aseguro– su libro será leído como lo que es: uno de los testimonios más lúcidos de estos años infames»), en la parte origenista, ya se anticipa su poética del reverso (también su poética plástica o kaleidoscópica) –tal como se hace posteriormente paradigmática en *Los años de Orígenes*–, quiero decir que, ya en el centro de su etapa origenista, García Vega padecía los síntomas de su posterior vocación de ruptura y desvío creador (que supo vislumbrar muy bien Vitier como «rencor» en *Lo cubano en la poesía*). Es que ya él era, en un sentido profundo, un resentido, un exiliado del mundo, un *insiliado* incluso. O un raro, un *outsider*, un forastero, un marginal, un fantasma, prolongando, acaso sin saberlo, la tradición onírica, delirante, resentida, secreta, del alucinado Zequeira de *La ronda*, de ese Zequeira, suerte de protoplasmático dios desconocido, o arquetipo negativo del reverso de la llamada tradición del sí, o de la cubanidad positiva, es decir, representante primigenio, como lo será también después LGV, de una suerte de contra tradición, o tradición del no, de la cubanidad negativa (hoy se habla también de lo posnacional, de lo posrevolucionario). LGV encarna en una suerte de afantasmada desidentidad con respecto a la gran tradición de los grandes relatos de la Colonia, la República y la Revolución.

En *Rostros del reverso* (sobre todo en la parte del exilio en Madrid) (después lo prolonga en Nueva York) comparte LGV la condición de excéntrico con respecto a la izquierda intelectual revolucionaria (él deserta nada menos que de la Era imaginaria de la Revolución), que era predominante en América Latina, Estados Unidos y Europa. Él era, a priori, un «gusano», una «escoria», como se dirá después, y no porque se dedicara a hacer activismo político contrarrevolucionario (que nunca hizo), sino solamente por haber quedado al margen, exiliado, de la Revolución cubana. Digo esto muy rápidamente porque, con ser muy importante, no es lo esencial para la caracterización que me interesa hacer aquí de una escritura –incluso de una poética– del exilio. Digamos que la marginalidad ya tan radical ontológicamente de LGV se ve alentada desde el afuera histórico, físico, por su condición de exiliado político.

Sería imposible poder describir aquí la relevancia de este diario dentro de la literatura latinoamericana. Merecería ser reeditado y estudiado en profundidad. Diario de creación y testimonio de su exilio en Madrid y Nueva York (aunque su primera parte acaece en los tiempos de la revista *Orígenes*), este texto participa también del ensayo, de la metaescritura, incluso de cierto relato de la imposibilidad de narrar... No se ha escrito, al menos en la literatura cubana, un texto donde tan explícita y profundamente se vincule la experiencia del exilio con la escritura, como si el cuerpo de la escritura y su propio cuerpo (alma, conciencia) fuera el mismo cuerpo roto, ávido, neurótico, donde pudiera ensayarse una profunda experiencia espiritual.

En *Los años de Orígenes,* ya fue LGV lo suficientemente crítico con *toda* la historia de Cuba, como para circunscribir su llamada poética o escritura del exilio a su disentimiento de la Revolución cubana. Su reverso crítico atañe, como ya adelanté, a toda la historia de Cuba: Colonia, República y Revolución –y, dentro de la época de la Revolución, incluso a su reverso imaginal: la Era imaginaria de Playa Albina (Miami), centro del exilio histórico contrarrevolucionario. Pero repárese en que LGV no tiene una visión simplemente maniqueísta de la clásica y manida bipolaridad política e histórica Cuba-Miami. Él crea imaginalmente un exilio mucho más profundo: una mitología albina. Un solo ejemplo, aunque soberbio, puede servir para ilustrar el no lugar (o el otro lugar, el otro mundo lorenziano) desde donde LGV percibe su realidad, su otra Era imaginaria: Disney World. Es cuando en *El oficio de perder* relata una suerte de peregrinación (de viaje místico, de purgativa noche obscura) hacia ese lugar común, pero también mítico, de la llamada modernidad norteamericana, y le acaece como una especie de mística por vía negativa (a la que fue tan proclive siempre), en clave de reverso. LGV escucha, con el júbilo de un niño que *desaprende*, los gritos de King Kong. Es como un viaje al revés, un viaje hacia la *inmadurez* gombrowicziana que parece reclamar una escritura del exilio. En mi libro, escribo: «Hay, en el fondo, como un incesante regreso imaginal hacia el único tiempo real (por perdido, por imposible), el de la imaginación, el de la víspera, el de la infancia, suerte de *tierra prometida*». No sólo niega a la Atlántida [sumergida] (imagen de su Cuba perdida), sino al Exilio [histórico] (Playa Albina) –y recrea, anagógicamente, a la ciudad imaginal Vilis, cuerpo astral de Playa Albina, ciudad de los sueños–, y entonces escribe uno de sus comentarios más desoladores: «Pues si bien es cierto que un buen número de despistados, llevados por la superficialidad (siempre la política, por muy serio que se la tome, es superficial) siguen hablando de un Tirano Máximo o de una Atlántida con la que hay que dialogar, los mejores albinos sabemos que lo único que nos queda es Disney World». Disney World, ¿como un final *nonsense* o como otro principio?. La imagen del rugido de King Kong es soberbiamente significativa de la Era imaginaria de Playa Albina… Es por ello que acaso pueda entenderse mejor ahora en qué sentido profundo (irónico y trágico) decía LGV que era un apátrida.

Ya en su etapa final, de plenitud kaleidoscópica, el ejemplo de su libro *Vilis* sería paradigmático a la hora de tratar de apreciar el desenvolvimiento literario de esta compleja poética o escritura del exilio lorenziana: Vilis es como ciudad imaginaria, mítica, el reverso –ciudad y cuerpo astral, enfatiza– de Playa Albina, la cual, a la vez, es imagen en clave de reverso no sólo de la ciudad de Miami (como centro simbólico del exilio sin rostro, sin identidad) sino de Cuba (pero ¿no existe una identidad albina?). Pero ¿de cuál Cuba? No sólo de la llamada por LGV Cuba castrista, sino de la Cuba histórica en general, y de la Cuba en que vivió LGV en particular, y además, y esto es casi lo decisivo: de una Cuba mítica: tanto la origenista, que él nombra irónicamente con un verso de Eliseo Diego: «el sitio donde tan bien se está», o la de «la grandeza venida a menos», o la castrista sin identidad: la que anunció Lezama como la de «El alba de la era poética», la Era imaginaria de la Revolución cubana, la de la llamada «pobreza irradiante», etcétera.

El imaginario de *Vilis*, ese libro que fascinó y desconcertó, por ejemplo, a Daniel Samoilovich, y que, como una parte muy notable de la poética de LGV, tiene más vínculos con una general poética vanguardista argentina que con otra casi inexistente cubana —un libro al que me he aventurado en calificar como ejemplo de antinovela, o texto kaleidoscópico—, ilustra perfectamente (en toda su complejidad genérica, formal y cosmovisiva) lo que he llamado una poética o una escritura del exilio, y que no hará sino reiterarse, a partir de entonces, en toda su escritura, hasta su muerte; parte de su obra que conforma, junto a los tres hitos cosmovisivos, creadores y memorialísticos que son *Rostros del reverso*, *Los años de Orígenes* y *El oficio de perder*, y toda su última producción ficcional ya citada con anterioridad, lo más perdurable de toda la obra de LGV.

6 Coda final

Pero el exilio ¿no implica un descentramiento incesante?, ¿no es estar siempre afuera, a la intemperie? Si el exilio es estar fuera de la patria, ¿no es la *no patria*, su reverso? Tal vez por eso decía LGV, reitero, que era un apátrida (como afirmó en su última conferencia en Madrid sobre Lezama Lima, «Maestro por penúltima vez»). Él se sentía, como Nietzsche, un hombre sin patria («Nosotros los hombres sin patria», escribió Nietzsche), y sentía a Miami como la no patria («el exilio sin rostro, sin identidad», afirmaba), por eso acaso también sin color: Playa Albina. Lo albino como el negativo, el reverso «blancuzco». Y se veía a sí mismo como un «escritor albino»: un escritor-no escritor ¿no decía también? Como Nietzsche, se imaginaba un «hiperbóreo», un habitante de unas misteriosas islas al Sur, una regiones blancas, heladas, las mismas en donde tuvo Arthur Gordon Pym su última visión, esa ignota e inconcebible figura blanca que provocó el terror sagrado de los aborígenes que gritaban al reconocerla: *¡Tekeli-li!*, como ante un daimon o un dios desconocido... LGV también buscó una extraña plenitud en el reverso, en la ausencia de color (de ahí quizás su obsesión plástica por la imposible textura verbal de los colores, pues ¿cómo escribir un color, la luz, lo plástico?). Por eso conjuró, imantó al vacío, a la nada, la *albinidad*, como una suerte de dios sin rostro, desconocido. Una luz neón... ¿Cómo será tocar la nada (una luz, un color)? Y se aproximó a una mística negativa, como reconoce en *El oficio de perder*. Pero si el exilio es siempre una pérdida (de identidad, un descentramiento, y un oficio de perder), ¿no puede haber en ese vacío, en ese desconocido u olvidado reverso, una extraña plenitud, una suerte de *vocacional* oficio de perder, como esa «misteriosa dulzura del frío que se acepta, del frío en que se penetra por secreta vocación»?

Dice Patrick Harpur —el autor de varios libros de culto, entre ellos *El fuego secreto de los filósofos. Una historia de la imaginación*— (a quien leyó fascinado LGV en el último año de su vida) que el olvido (ese hueco negro donde se pierde la información) —o esa «trituradora del olvido», como lo describe LGV–, que el olvido, repito, como reverso de la memoria, acaso existe para preservar lo más importante o trascendente, lo cual olvidamos entonces como una manera de preservarlo. Tal vez por eso evoque LGV (como una cualidad creadora del olvido) la cosas, dice, que existen como *no vida* dentro de su mente, como en estado de hibernación, como *larva*, o *magma*, escribe también. La cosas, entonces, podrían existir o conservarse en una suerte de estado protoplasmático, negativo, anterior a todo nacimiento, como en una perpetua víspera, o potencia: como esa formas informes (y valga el oxímoron) que imaginaba María Zambrano en un capítulo, «La Medusa», de *Claros del bosque*, como imagen de las formas que vendrán... Tal vez por eso en los últimos textos de LGV (textos informes, sin género reconocido) la memoria opera siempre como sin reconocer lo que evoca, las visiones que padece, como si fueran rememoraciones sin sentido expresable, que sólo provocan preguntas sin respuestas. Ya abundé en mi libro sobre lo que llamé como una poética de lo inexpresivo y de lo inexpresable...

Es muy significativo que Giorgo Colli, el filósofo italiano (el brillante hacedor de la edición crítica de Nietzsche y el profundo y singular estudioso de la sabiduría griega antigua), esté convencido de que la verdadera sabiduría para los antiguos griegos presocráticos era inexpresable, al menos a través de la escritura, porque esa forma, la escritura, significaría una suerte de congelamiento o, al menos, empobrecimiento del conocimiento, o marcaba su decadencia... Sabiduría que debería permanecer entonces viva y, a la vez, inexpresable. Irrepresentable, escribe también. Nociones negativas que hubieran agradado a LGV. De ahí acaso ese temor paranoico, visceral, que siente por el peligroso hieratismo de toda forma. Miedo de que la Forma lo traicione. Miedo de que la Forma se convierta en ídolo, en demiurgo (diría también Zambrano). Sentimiento ambivalente porque, a la vez, se siente siempre atraído por la textura física, plástica de las cosas; de las cosas que quiere siempre formalizar, abstraer, destilar, minimizar, encerrar, limitar, geometrizar, incluso romper, como buscando (como con los juguetes en su infancia) un adentro desconocido..., y como buscando acaso una identidad perdida... De ahí, también, se comprende, su poética de lo pobretón, del destartalo, de lo roto... ¿No sentía que perdía *pedazos* de identidad? Y notemos cómo para el agnóstico LGV la trascendencia está en la textura misma de las cosas, es inmanente...

El exilio entonces como escritura ¿no se expresa mejor como reverso, es decir, como no escritura: no novela, no relato, no poesía, no escritor, etc.? El exilio albino. El escritor albino. Mitología Albina. La Playa Albina. ¿Por qué playa? Playa como frontera, linde, confín, es decir, entidad daimónica, ambivalente... «No es agua ni arena la orilla del mar», escribió Gorostiza, el autor de *Muerte sin fin*. Decía su Maestro: «Buscando la increada forma del logos de la imaginación». Ya en mi libro reparé en cómo LGV reclama —explícitamente en *El oficio de perder*— una suerte de silencio, de nada, de vacío trascendente, semejante (como anverso y reverso en todo caso del *tokonoma* lezamiano: «el vacío, la compañía insuperable», escribe Lezama). Pero, si el exilio es siempre esa misteriosa pérdida, reitero: ¿qué es en el fondo «el oficio de perder»? «Patria desconocida», le dice María Zambrano al exilio, acaso su verdadera patria, dice también. También lo vio como una catacumba, o inframundo, o mundo órfico, sagrado, daimónico. También como víspera, o estado anterior a todo nacimiento: *patria prenatal*, escribió en «La Cuba secreta» (anterior, dice también, por cierto, a todo olvido). Es decir, está latente en LGV la asunción de la pérdida de la patria como dadora de otra patria desconocida. Otra patria u *otro mundo*, agregaría yo. Porque ¿qué es el *otro mundo* (o inframundo) (o *ínfero*, diría María Zambrano) sino la patria del alma o ánima perdidas? El otro mundo como reverso ¿no es como la patria (otra, desconocida,) donde no se pierde la identidad? O, como escribiría LGV, el paraíso «donde la represión no existe».

Llegaríamos así, por el camino negativo del reverso lorenziano, a una noción positiva del exilio, y de la escritura o poética del exilio: el exilio como el *otro mundo*, lo intrascendente como trascendente, la pérdida como ganancia, el exilio como centro secreto... El exilio como reverso, como no escritura, o como oficio de perder, como la plenitud del *otro mundo*. El mundo del alma, de los sueños y los deseos, o el mundo de la imaginación, diría Harpur, el último maestro de LGV. Por eso el secreto de la imaginación daimónica es inexpresable. Lo que importa no es el sentido, el centro, el fin, la respuesta, sino el laberinto, el camino, el sin sentido, el no fin, la pregunta (¿el exilio incesante?). O como diría Nietzsche (y reiteraba también su maestro, el etrusco de La Habana Vieja): «lo importante es el flechazo, no el blanco». Pero ¿no escribió el místico en el «Cántico espiritual»: «y me hice perdidiza y fui ganada»?

La divisa obsesiva de Lorenzo en *Rostros del reverso*, cuando indaga constantemente por una novela y un conocimiento del exilio, es una frase de William Blake sobre el precio de la Poesía: «Se compra a fuerza de dar todo lo que se posee», que recuerda a su vez una frase de un místico sufí: «No se puede comprar el corazón porque lo que el corazón quiere se paga con la vida».

Entonces, para LGV, la escritura es un oficio de perder, la escritura es el exilio...

En 2004, al llegar al exilio en Madrid, me apresuré a escribirle a LGV que estaba estrenando mi condición fantasmal. Su inmediata respuesta fue: «Qué bueno es estar bien acompañado».

Gracias, Lorenzo, mi maestro en el exilio o, como el Minotauro de *Los Reyes*, de Julio Cortázar, el daimon, el que vive en el sueño...

San Carlos de Bariloche, 6 de abril, 2015

Metafísica de un escritor no-escritor

Margarita Pintado

I.

Cuatro meses antes de morir, Lorenzo García Vega había comenzado su segundo blog, *La pata sobre el huevo*, título que aludía al «huevo cósmico», concepto cosmológico desarrollado durante la década del treinta que intentaba explicar el origen del mundo.[1] Esta búsqueda por los orígenes fue el núcleo organizador, tanto de su universo literario, como de su propia existencia. Los diarios oníricos que fueron apareciendo en *La pata sobre el huevo* durante los meses de febrero, marzo y abril del 2012, serían la culminación de un proyecto de vida dedicado enteramente a una práctica, y a un oficio cuyo propósito era la búsqueda y la conquista de un Yo que sólo emerge a través del acto creador. La escritura como regreso, como recuperación del Yo anterior, un Yo que debía ser liberado mediante el fenómeno de la creación, era parte integral del día a día del poeta, quien se había propuesto una meta muy particular: *no morir sin levantar su Laberinto*. Esto es, no morir sin dejar de buscarse, sin dejar de examinarse para así poder entregar un testimonio de su vida, una vida cuyo sentido estaba cifrado en el cultivo de una expresión, en la entrega total al Arte.

Soñar, vigilar el sueño, anotar lo soñado, penetrar en esas zonas difíciles, sepultadas en lo más profundo del ser, constituían una última

---

[1] *La pata sobre el huevo* (http://lapatasobrelhuevo.blogspot.com) fue el segundo blog de García Vega, tras *Ping-pong Zuihitsu* (http://pingpongzuihitsu.blogspot.com), proyecto de novela epistolar en el que colaboramos juntos, desde mayo 2010 hasta marzo de 2011.

trinchera para aquel que se sabía cercano a la muerte. A sus 85 años, apoyado en un sinnúmero de lecturas, y teorías sobre el tema de los sueños, García Vega se había entrenado, mental y físicamente, en el arte de soñar. Lo recuerdo explicándome distintas técnicas para retener el sueño, para evitar que se desmoronara y se perdiera para siempre en las grietas del inconsciente. Había que acostumbrar el cuerpo a la rigidez, ya que cualquier movimiento brusco podía desbaratar aquellas imágenes que regresaban después de medio siglo, intactas, para recordarle al hombre que una vez fue niño, que siempre *somos* los que vamos *siendo*.[2]

Me conmovía aquel empeño que lo levantaba cada madrugada, (en la última etapa de su vida Lorenzo se despertaba todos los días a las 2 y a las 4 de la mañana para anotar en una libreta pequeña lo recién soñado), a pesar del sueño y de la artritis, a buscar y a rebuscar más en esa vida que sólo se reconocía como un proyecto inacabado e imperfecto. Había que interrumpir el sueño, prolongar la vigilia, estar presto a la creación para desviar la muerte, confundirla un poco, demostrarle que el tiempo de los que sueñan aún no había terminado. Me tranquilizaba saber que un mortal soñara así lo eterno, pues si algo lo movía a escribir de modo tan compulsivo era la certeza de conquistar un Bien aún indescifrable, difícil de fijar en el papel, pero que se revelaba a fogonazos, mientras se le buscaba. Este último recinto de su Laberinto es la prueba de una fe que, lejos de ser una práctica ciega, es el trabajo laborioso del día a día, una batalla campal y cotidiana al servicio de lo bello y de lo absurdo, y en contra del conformismo, la resignación, y la pasividad de espíritu.

Una semana antes de ser ingresado al hospital tuve la oportunidad de hablar por última vez con el poeta. Mi llamada era la respuesta a sus últimos emails en donde repetía que no se sentía bien. Que las visitas al médico eran cada vez más frecuentes. Que tenía miedo. Que soñaba con la muerte. Que el cuerpo iba entregando sus armas a pesar de que

---

[2] Tomo la frase del título de la antología poética *Lo que voy siendo*, publicada en Cuba en el 2008, a cargo de su amigo Enrique Saínz, por la editorial Torre de letras. García Vega usó la frase varias veces para resumir su proyecto de vida y su oficio de escritor: reportar lo que uno va siendo, las transformaciones que ocurren en el ser y la necesidad de expresar el proceso por el que guardamos memoria de nuestros yo anteriores, en relación a un yo presente encaminado a un yo futuro.

la mente hervía, a pesar de que la mano se movía, casi sonámbula, en busca de más sueños.

II.

Conocí a García Vega en el 2009, mientras me preparaba para escribir mi propuesta de tesis centrada en lo que en aquel momento había denominado como *literaturas errantes y efímeras*. El profesor José Quiroga fue quien me reveló aquel nombre que para mí era el nombre de un desconocido: ¿Lorenzo García Vega? ¿Discípulo de José Lezama Lima? ¿Miembro más joven del grupo Orígenes? ¿Premio Nacional de Literatura Cubana convertido en escritor maldito[3]? García Vega era un escritor de culto con una trayectoria de más de 60 años. ¿Cómo era que yo, estudiante doctoral de literatura latinoamericana, especialista en poesía, no sabía nada de aquel original, oscuro, polémico personaje? Entre otras cosas, García Vega era el autor de *Los años de Orígenes*, uno de los libros más fascinantes, y más incomprendidos de la literatura cubana, escrito en clave de delirio, pero atravesado por una lucidez escalofriante. *Los años de Orígenes* acentuó dramáticamente lo que ya se perfilaba como el destino de un escritor maldito, ajusticiado por aquellos que se sacrificaron por la patria, subyugándose a ella, no sólo desde dentro, sino también en el exilio. El testimonio de Lorenzo era una deconstrucción del Yo idealizado de la nación a partir de las heridas infligidas al sujeto, esa pequeña e innegable fracción del país.

Cuando finalmente llegó a mis manos *El oficio de perder,* libro que marcaba el regreso del escritor, no a la literatura –de donde nunca había salido– sino a la *escena literaria,* supe de inmediato que estaba frente a un clásico. Es difícil explicar esta apreciación, como es siempre difícil determinar qué elementos constituyen un clásico, pero había en aquellas palabras un temple y un control, incluso en el errar y el

---

[3] En 1952 Lorenzo ganó el Premio Nacional de Literatura por su novela *Espirales del cuje,* unas memorias, escritas siguiendo la técnica cubista del *collage,* sobre la infancia perdida en Jagüey Grande tras la violencia que supuso el desplazamiento del campo a la ciudad.

fracasar, una manera casi naturalizada de desafiar el universo, una cercanía objetivada, y una convicción que hacían de aquella una escritura esencial, sin pretenderse *ella* esencialista. Más que necesaria, aquella escritura era la necesidad misma, en su estado más puro y de cierto modo, más indefenso. Y es ahí, en esa indefensión que lleva al poeta a darle voz, peso, y gravedad a todo lo que informa su pobre, frágil existencia, en donde se me revela la maestría de quien escribe, no para escandalizar (aunque en ocasiones el escándalo fuera el resultado de sus «acciones literarias»), no para impresionar, o deslumbrar —todos estos objetivos vanos— sino para darle un sentido poético a la experiencia de *ser* humano. Porque una vez hemos entrado en el laberinto de García Vega, corroboramos que todo ese medio siglo de literatura que nos deja el escritor, se construye sobre un mismo eje: sus obsesiones, sus ideas, sus teorías en torno a lo real y lo irreal, su inagotable búsqueda de sentido (todas estas líneas que atraviesan su Laberinto, esto es, la vida examinada del poeta puesta sobre la mesa para que otros se asomen a ella) no son más que variaciones de un mismo tema: *lo* humano. Así de ancho. Así de específico.

A lo largo de toda su producción literaria, García Vega se mantuvo firme en su voluntad de desentrañar el universo desde el lugar del testigo. Esto respondía, en gran medida, a su hipersensibilidad, eso a lo que Jorge Luis Arcos ha llamado su *exceso de percepción*. El origen del oficio del escritor está inextricablemente ligado a su psicosis, a las obsesiones que en su juventud lo llevaron casi al electroshock. Eso que él ha tildado como su autismo, transferido a su escritura, y cuya manifestación más clara ha sido la gran dificultad de comunicarse con el afuera (el mundo), le han impedido participar, o integrarse a esa vida que él siente ajena, a ese *saber estar entre otros* que siempre se desliza fuera de él. No pertenecer, no saber pertenecer, desistir de entrar en un espacio ocupado por otros, no asimilar plenamente la experiencia de *ser en común*, lo colocan en una posición muy singular a la hora de reportar la realidad. Desde los primeros poemas juveniles publicados en *Orígenes* este límite se revela como una fuerza creadora, sin dejar de ser la fuente de un verdadero drama existencial. Leemos en «Historia del niño», poema publicado en la revista en 1948:

Porque en la mañana los hipnóticos tún tún. Un día se dejó llevar por aquellos pedregales / La espuma le hablaba –Aquí los cristales manchados Aquí las flautas ahogadas en un portón Aquí un niño en el trapecio de orquídea / El niño se preguntaba Y volvía siempre se preguntaba y volvía había otros niños vocingleros que se dirigían a él Pero él lloriqueaba como un caminante.

El caminante, el que está como de paso en un mundo ajeno, es incapaz de responder a las voces de los otros niños. No obstante, todo en él recibe la alerta del día, las mutaciones del espacio, los ruidos, la música de las campanas, la espuma. El niño montado en su trapecio de orquídea camina y llora cuando se acerca a otros niños. En otro poema, «El Santo del Padre Rector», publicado en *Ritmos acribillados*, el niño describe el horror que siente al descubrirse imitando las formas de socialización de los otros niños:

Llega ese día, el día de fiesta en el colegio: lo siente como un frío. Sin embargo, él va también hasta allí, hasta el borde de ellos. [...] Por eso, no puede saber cómo son los gritos, las risas, los juegos. Y cuando el jesuita –gordo, sofocado– tira caramelos por una ventana, él se levanta con los demás, llega a recoger bombones en un rincón; pero luego se ve, entrando en la alegría de ellos, como el que desenfadadamente penetra en una casa ajena, y se avergüenza.

El poeta puede apenas asomarse hasta el borde de ellos (hasta el borde que siempre serán ellos), participa de la fiesta desde su lejano, insondable rincón, sólo para afirmar su lejanía. Esa alegría común le ha sido vedada. Su lugar no es, no puede ser, el mismo lugar ocupado por ellos. Esta experiencia del límite lo colocará firmemente en lo que más tarde denominará «el lugar del testigo». Participar desde la orilla, enmudecer ante el grito de los otros, dar fe con las palabras de ese límite infranqueable que es, simultáneamente, parálisis y gestación; posibilidad de vida (de creación) fuera de los lindes de lo *real*.

III.

Leer a García Vega es una experiencia tan difícil como conmovedora. Descubrirlo ha sido re-descubrir la historia de Cuba, vista ahora desde su pequeñez, su ridiculez, su exagerada afectación y efectismo discursivo, su cursilería, y su pobreza. No obstante, ese país roto del poeta es el que muestra su lado más honesto y más humano. El escritor recorre esas escenas del pueblo de campo, Jagüey Grande, en donde se crio, y en donde le fue revelada su verdadera vocación: «Fue aquel fotingo de la década del 30 que, al desatarse en movimientos convulsivos, me llevó a un encuentro con la Poesía. Fue una noche, en Jagüey». La infancia del poeta transcurre en la que él llama «decadente y cursilona» década del treinta, justo después de la gran depresión económica que sumió a la isla en una especie de estupor, y ensueño del que ya no saldría nunca. En su novela, *Devastación del Hotel San Luis*, García Vega rememora aquel período en donde creció, descrito por él como

> la metáfora de un desmantelamiento pero sin ser propiamente un desmantelamiento, de cosas tan heterogéneas como las siguientes: edificios parecidos a espectros; tiendas de moda que más nunca volvieron a estar de moda; hoteles que pasaron a ser hoteles de medio pelo; fotografías en que los fotografiados quedaron rodeados por el aura de una pobreza irremediable; andenes en que ya ningún viajero importante volvió a viajar; familias venidas a menos en que ya nadie pudo echar para adelante; tiendas que, aunque los dueños no las cerraron, nunca más parecieron lo que habían sido; salas que quedaron como tiesas, conteniendo victrolas que ya más nunca volvieron a funcionar; cines que quedaron vacíos, y no hubo público que los pudiera llenar...

Es esa Cuba que ha sido desmantelada, reducida a un estado que parece ilusorio, la que García Vega rescata a lo largo de toda su producción literaria. Un país fantasma en donde todo ha perdido su peso, y ha quedado solo el rumor, la estela, el polvo de las cosas cuando se han quedado solas, y como a la espera de un milagro que las devuelva a la vida. Y será esa misma Cuba, revelada en ciertos «paisajes albinos» (en referencia a Miami), como en las luces neón de los moteles que tanto le gustaban, o en los feos y sucios canales en donde nadan los patos, la que lo perseguirá también en el exilio. De hecho, era tanta la necesidad por escrutar aquella Cuba dejada atrás, que el propio Lorenzo contribuyó a la fabricación de una absurda nostalgia, con plena conciencia de que el suyo era un gesto desterritorializador. Por eso, cada vez que el escritor sentía la necesidad de posar para las fotos con su papagayo de plástico, un papagayo *kitsch* que lo acompañó en Miami, lo hacía sabiendo que ese sentimiento que le nublaba la mirada estaba fuera de lugar. No obstante, el poeta defendía aquella nostalgia desubicada como otra de las piezas que conformaban su collage, ese ensamblaje sin sentido en el que se había convertido su vida.

Pocos escritores han logrado crear un universo tan difícil, tan profundo y tan autónomo como el suyo. No es casualidad que uno de los atributos más grandes de su literatura sea ese sentirse como el resultado (el producto) de una resta: lo que leemos es lo que queda para el uso una vez se han superado o desechado todas las limitaciones que impiden que lo poético ocurra. Superados los bloqueos, asumidos y confrontados todos los miedos, y los demonios que a veces *dejan sin palabras al narrador*, el escritor no-escritor practica una escritura que revela a su vez el cultivo de una vida, de un carácter, de una sensibilidad y de una voluntad comprometidas con una expresión menor, de reverso, movida por la urgencia de instigar a la liberación total del ser, borrando la ilusión de distancia que separa al artista (al sujeto) del objeto de arte, que no es otra cosa que la expresión de su humanidad, en su carácter más divino en tanto atado a lo eterno.

IV.

García Vega escribió solo, rodeado de silencio, animado únicamente por los ruidos que iban llenando sus días. Los lectores somos testigos, junto a él, del ruido que se escapa del refrigerador, o del sonido de la cortadora de césped del vecino, o de la musiquita del carrito de helados del nicaragüense que se oye desde la calle. Vemos, junto a él, ese manchón que está en la pared, un manchón que el escritor, solo y aburrido como está, convierte en protagonista de un relato. Porque si bien García Vega sabrá aprovechar estas insignificancias que le ofrece su pobre circunstancia albina, no podemos ignorar lo que estas escenas en sí representan: la infinita soledad de un escritor que sigue escribiendo a pesar de que, aparentemente, no haya ningún lector posible. Más que una oda al fracaso, *El oficio de perder* es una oda a la soledad. Las primeras líneas dan el tono que se mantendrá a lo largo de las más de 500 páginas: «A veces estoy tan solo, en una Playa Albina donde vivo, que casi es, como si, en algunas ocasiones, perdiera el sentido de la realidad». Solo comienza y solo termina: «No tengo hilo, y por lo tanto, no conozco nada del Laberinto. Así que irme quedando solo. Aprender a que estoy solo. Escribir sabiendo que estoy solo. Escribir solo. Y, sobre todo, saber que escribo solo».

Qué escritura tan honesta, tan grande en su pobreza, tan plena en su falta. Qué manera de dejarse ver a través de las palabras. Qué estilo tan singular y tan depurado que se torna casi invisible, como un velo tenue por donde se puede mirar el mundo. Pocas veces los lectores somos confrontados con una escritura tan desarmadora, tan fuerte en su fragilidad. García Vega logra hacer de la indefensión un lugar enunciativo privilegiado, un momento único dentro de la literatura latinoamericana, pues se trata de conseguir erigir toda una obra, toda una estructura (todo ese pesado laberinto) sobre una gran precariedad que solamente un escritor no-escritor es capaz de transformar en un laboratorio, un terreno propicio para la creación. Este ser que apenas puede hablar, que nunca ha podido ordenar un relato, este hombre inútil que no ha tenido un empleo digno, este anciano que ha tenido que trabajar como bag-boy en un *Publix*, este perdedor nato, esta extraña criatura que se nos presenta como el ser más vulnerable del mundo, es capaz de escuchar lo que no tiene voz, y ver todo aquello que se escapa de la imagen, entregándonos, no sólo una literatura extraordinaria (en verdad, fuera de este mundo), sino también (sobre todo) una metafísica del artista como un ser que, eventualmente, deviene obra de arte, conclusión inevitable de la comunión entre lo vivido y lo creado. De ahí que todo lo que tocara el poeta —como las latas que guardaba en las bolsas del *Publix*, o los carritos de compra que tenía que empujar— se transformase en pura poesía. Quienes siempre lo criticaron y se rieron de su «autismo literario» perdían la paz al ver cómo Lorenzo, no importaba en donde lo colocara el destino, siempre encontraba la manera de *ser* soberano. Aunque se dedicara a empacar la mercancía en un supermercado, el poeta-*bag boy* no se separó nunca de lo que siempre identificó como su vocación. Y así, mientras miraba el fondo de cada bolsa en donde se iban alineando enlatados, frutos, carnes, el poeta evocaba las cajitas de Joseph Cornell y escuchaba, en los sonidos de metal que hacían los carritos al chocar contra sí, la melodía de John Cage. Todo lo que le rodeaba respondía a su tacto, y para esto, valga decir, hace falta más que talento. Es desde esa voluntad de intervenir en lo más pequeño de un paisaje, y ese firme convencimiento de que la creación (la actividad creadora) es lo único que mantiene al ser atado a sí mismo y a la vida, que su obra nos deslumbra y nos interpela, nos sorprende y nos compromete, en tanto constante recordatorio de que todos y todas somos artífices (artistas y dueños) de nuestra vida.

Oficio de perder

Antonio José Ponte

Según afirma Lorenzo García Vega en alguna página de las que siguen[1], uno de los suplicios primordiales del literato perdedor es vivir rodeado de numerosos ejemplares de sus viejos títulos. (El caso es semejante al de la solterona que hornea galleticas sin encontrar a quien ofrecerlas.) Llegada la vejez, al escritor que ha sabido perder lo circunda la populosa biblioteca de unos pocos títulos. Y se deduce de ello que han sido publicados por editoriales pequeñas. Pagados, en muchas ocasiones, por el propio autor.

Obligado a encargarse de sus bultos impresos en cada mudanza que le toque, dando tumbos con esa carga encima, a cada nuevo libro echado al mundo el perdedor ve crecer su biblioteca inútil. Y el trato con ella equivale a palear nieve dentro de casa.

Poseedor de una biblioteca de esta especie, tildado por sí mismo de notario por no alcanzar calificación literaria mayor, acogido al título de no-escritor, Lorenzo García Vega también es autor de un libro agotado que no dejan de buscar nuevos lectores, cada vez resulta más citado, y se ha vuelto objeto de culto. Me refiero a *Los años de Orígenes*, publicado en Caracas en 1979 por Monte Ávila Editores.

No hay mejor opuesto a toda una edición acumulada en el hogar del escritor que un libro de culto. La pasión que éste despierta se contrapone perfectamente al desinterés amontonado. (Un tesoro se halla en las antí-

---

[1] Este texto fue publicado originalmente como prólogo a la edición de Espuela de Plata de *El oficio de perder* (Sevilla: 2005).

podas de los basureros.) Y es a causa de un título de culto que la fama de perdedor de Lorenzo García Vega queda relativizada.

Yo di con mi ejemplar de ese libro suyo gracias a una lectura pública a la que fui invitado en una universidad católica estadounidense. Antes del acto donde intervendría, la amiga a quien debo aquella invitación propuso que pasáramos por su oficina para que examinara unos libros de los cuales iba a deshacerse a causa de su jubilación. Y allí estaba *Los años de Orígenes*, que yo había alcanzado a leer años antes en La Habana, en ejemplar pasado de mano en mano como un manifiesto entre conspiradores.

Hasta entonces (hablo de la época de mi primera lectura del volumen) el nombre de Lorenzo García Vega era en Cuba, para los escritores jóvenes, el de un desconocido. No tan sólo por su decisión de marcharse al exilio (España y luego Caracas y luego New York y luego Miami), sino también por haberse metido en el muy particular exilio al que lo confinaban sus opiniones sobre otros escritores, sobre la literatura cubana y lo cubano en general. Inconforme con la Cuba dejada atrás en los años setenta, García Vega tampoco mostraba contento con el Miami donde actualmente reside. Y tan miserable le ha parecido la revolución cubana de 1959 como el período prerrevolucionario y el exilio provocado por dicha revolución.

Bastó entonces con la lectura de *Los años de Orígenes* para que su nombre cobrara relevancia, aunque ésta fuese clandestina, todavía impublicable. (En los últimos años han aparecido textos suyos en revistas literarias de la isla. Y puesto que la publicación de escritores del exilio constituye asunto de Estado, funcionarios de la mayor editorial habanera quisieron negociar con García Vega la publicación de un libro suyo de poemas. O mejor aún, de toda su poesía. Procuraban rectificar con la mayor de las generosidades el ninguneo anterior que le aplicaran. El poeta exiliado pidió, en lugar de ese volumen de poemas, que reeditaran *Los años de Orígenes*, e hizo chocar a los burócratas contra libro prohibido. Por lo que éstos recogieron nerviosamente tanta cortesía desplegada.)

Apenas se supo la noticia de que Lorenzo García Vega se hallaba inmerso en la composición de otro volumen de memorias, comenzaron las cábalas acerca de si volvería al tema de la más famosa revista literaria cubana y ofrecería más noticias (o las mismas recontadas) de su amistad con José Lezama Lima, amistad abundante en reproches.

Ya sabemos que no ha sido así, que *El oficio de perder* es un libro de memorias personales: una infancia y una adolescencia anterior a la fundación de la revista *Orígenes*, una madurez y vejez póstumas. De manera que no se encuentra aquí lo que pudiera ser el mayor suceso en la vida de su autor, quien confiesa haber borrado de estas páginas lo tecleado en relación con José Lezama Lima. Menos por censura que por cansancio, según afirma.

Evitado el gran suceso tal como corresponde a un perdedor (ahora que *Orígenes* parece haber cobrado visos de triunfo), lo que queda a García Vega podría ser mucho. Pero él se encarga de menoscabarlo concienzudamente. (Afirma rechazar el confesionalismo debido al rechazo que siente por su propio cuerpo.) Unos pocos episodios se repiten: muchas veces el niño sube a un tren que conecta Jagüey Grande con La Habana, muchas ocurre el primer día en un internado de jesuitas donde no consigue meterse en la piscina junto a otros escolares. El autor pide disculpas de antemano: «Soy repetitivo, como ya me he cansado de repetir».

Hecha advertencia de que escasean las noticias sobre *Orígenes* en este volumen, me permito deslizar una advertencia más: si lo que busca el lector es el trazado de una vida abundante en avatares, muchas vidas en una tal como puede hallarse en las memorias de un Casanova o un Cellini, creo que va metiéndose en obra equivocada. En ese caso mejor podrían servirle las memorias de Reinaldo Arenas, por ejemplo. «En realidad mi vida, ¡para qué hablar de eso...!», reconoce García Vega. Y menos ostensible que sus percances resulta la búsqueda, a lo largo de todo el libro, de la forma que permita la construcción del libro o laberinto.

Antes que anochezca, el hiperbólico volumen de memorias de Arenas, deja leerse como novela de aventuras. *El oficio de perder* logra que lo muy poco novelesco de una existencia cobre peligro por el empeño manifiesto de encontrar la forma idónea con que narrar ese muy poco.

A Lorenzo García Vega, como a cualquier otro memorialista, lo frenan ciertos escrúpulos. ¿Cómo un lenguaje, el del hoy en el que se escribe, puede saber lo que pasó en otro lenguaje, el correspondiente a un día lejano? O, para decirlo en la hermosa fórmula de Bousanquet citada por

Robbe-Grillet que García Vega cita: se trata de «un paisaje en el que no tengo ya medios de penetrar, pero en el que hago llover tiempo».

Memorialista perdedor, amén de los escrúpulos gremiales atormentan a García Vega otras cautelas. Declara ser asaltado por desniveles que le imposibilitan toda continuidad, confiesa su incapacidad para revisar lo ya escrito: «La chapucería que hago es lo único que sé hacer». Y puede, en suma, considerarse perdedor por no dar con la forma adecuada.

Si algo distingue *El oficio de perder* del resto de sus libros es que aquí emprende la construcción de un laberinto elevado al cuadrado, narra el trabajo que le dieron sus obras anteriores. (De cierta manera, *El oficio de perder* se corresponde con el rousseliano *Cómo escribí algunos libros míos*.) Peleándose con las formas, García Vega intenta historiar qué clase de pelea entabló con las formas en cada título. Así pues, fracasa en la enumeración de sus propios fracasos. Y no por casualidad alude al viaje a través de un laberinto mientras se contempla un caleidoscopio, laberinto dentro del laberinto.

Dos acusaciones se alzan frecuentemente contra Lorenzo García Vega: una estilística y la otra clínica. La segunda acusa a muchas de sus páginas de ser dictadas por el resentimiento y la neurosis, si no por mayores complicaciones psiquiátricas. Calculo que quienes lo juzgan de este modo difícilmente otorgarían licencia a la manada de locos que alberga el más modesto estante. Inspectores de sanidad, cierran libros como se cierran restaurantes: por la falta de higiene en la cocina o en los frigoríficos.

Por su parte, la acusación estilística dictamina a García Vega como incapaz de engendrar una narración o un poema como es debido. (Las complicaciones psiquiátricas no podían menos que afectar a su escritura.) Y para juicio así se acepta el testimonio de incompetencia profesional hecho por el propio encausado. Vale en este caso la feroz autocrítica del loco.

Varios escritores que le fueron cercanos alguna vez mostraron capacidad de organizar un discurso que sobrepasa a sus obras: he ahí el sistema poético de José Lezama Lima, o la teleología nacional fabricada por Cintio Vitier. E incluso en alguien tan enemigo de alzar sistema como Virgilio Piñera podría hallarse una intención organizadora si se le compara con el autor de estas memorias.

A diferencia de ellos, García Vega parece tartamudear. Preocupado por sus fallas de emisión, absorto en sus dificultades para soltar palabra, resulta inimaginable pensarlo en búsqueda de mayor envergadura que la solución de unas páginas. No obstante, la mención aquí y allá del escritor polaco Witold Gombrowicz debería dar la alerta. Porque la búsqueda de inmadurez, caballito de batalla del falso conde polaco, podría ser también búsqueda de Lorenzo García Vega, quien intenta procurarse «una paradójica disciplina: la disciplina del inmaduro».

García Vega acepta ser «un inmaduro en busca de una Forma que, para enredar más la cosa, quisiera que fuese una Forma inmadura, o una Forma para inmaduros». Escritor para escritores, de él podría hacerse un discernimiento más: es escritor para escritores descreídos. Otros se han desvelado por construir sistema que los ampare, él practica toda clase de incapacidades frente a esas exigencias. La obra de Lorenzo García Vega tiene el inconveniente (que es para mí ventaja) de su inutilidad como bien público, puesto que ninguna facción asumiría tal programa perdedor.

De aquellos a quienes consideramos escritores para escritores extraemos, sobre todo, lecciones de poética. Quien esté harto de discursos e intuya la trampa que los discursos son, que penetre en estas memorias difíciles. Porque no sé de páginas mejores que las de Lorenzo García Vega (al menos dentro de la literatura cubana) para descubrir, no el oficio de perder, sino el de escabullirse.

Una frase suya que parece de Macedonio Fernández contada por Jorge Luis Borges describe así la felicidad pasada: «¡Aquello estaba tan bueno que no había dónde meterse!».

Un lugar llevadero

Marcelo Cohen

En *El oficio de perder*, una autobiografía descoyuntada, Lorenzo García Vega dice que *Vilis* es su ciudad experimental de los sueños. Desde dentro, el libro se define en relación con un género japonés de prosa llamado *zuihitsu*: «Colección de fragmentos: anécdotas, anotaciones, observación de cosas curiosas, descripción de sentimientos y cosas por el estilo, todo ello sólo, por casualidad con relación entre sí». Para el lector, *Vilis* parece un recinto agrietado por la presión de cien heterodoxias: alquimia, gnosis, Lautréamont, patafísica, conceptualismo, análisis kleiniano, Burroughs, Macedonio, Lispector y más.

En principio *Vilis* no se parece a nada. Hasta que de pronto uno se encuentra recordando esas historias de misterio de otro tiempo –*Fantomas*, pongamos– y el efecto simultáneo de evasión e incredulidad de una literatura de engranajes abiertos y realización minuciosa, de inverosímiles no imposibles. Claro, ¿por qué no una literatura sin moral, sin rédito psicológico, metafísico ni histórico, sin calorías para el pensamiento ni colirio para la mirada, sin siquiera música, más reacia al museo y al peso atrofiante del significado? A fin de cuentas, despojar a la literatura de atributos fue el programa de muchos de los escritores que más admiramos. Es el programa de García Vega. ¿Pero entonces cuál es la diferencia con *Fantomas* o las novelitas de Agatha Christie? Bueno, tal vez la literatura empieza cuando se reconoce cuán difícil es escribir suprimiendo las intenciones, la huella de las tradiciones, todo lo que carga las frases de contenidos personales, de expresión y de la ilusión de elegir. Al menos para García Vega, la literatura empieza con la necesidad de abrir un espacio en donde «el que escribe no pare de desaparecer». Una vía para conseguirlo, la vía de la ausencia de soporte cuyos patronos son Roussel y Lewis Carroll, es ceñirse al rigor mecánico de un juego plano. Otra, opuesta, es aceptar fervorosamente reglas inmarcesibles y siempre actualizables del arte literario, a lo Nabokov. García Vega, por su parte, toma el almacén de las vivencias y la memoria de lo leído como «una vieja baraja manoseada». Juega a un solitario de reglas íntimas y a lo que va ensamblando con las sucesivas tiradas lo llama *Laberinto*. En el Laberinto el escritor viejo podría vivir al fin libre de la memoria; levantarlo es una tarea crepuscular, determinante, ardiente. El Laberinto debería advenir ahí donde ha sido el escritor, con su persona, su Cuba, su recua de exilio, su inconsciente y su impedimenta cultural.

Habiéndose administrado con alevosía el remedio de escribir dos novelas, varios libros de poemas, una autobiografía (*El oficio de perder*) y una exaltada discusión con la Cuba familiar y artística de mediados del siglo XX (*Los años de Orígenes*), García Vega descubrió que pese a las picardías y las fintas, pese a su escritura «destartalada», las frases inmovilizaban los recuerdos, y junto con ellos las imágenes del presente, en objetos manipulables y pétreos. Pero de la petrificación de lo vivido se salvaban los sueños, bien que a gatas, y entre los sueños, los recuerdos todavía sueltos y algunas visiones del presente, entre los colores y los olores de esas cosas diferentes, había roce e intercambio de reflejos, sinestesias, un huidizo reverbero, una nueva agilidad que llegaba incluso a ablandar los pedruscos. Libros como *Vilis* sólo surgirían de la atención a ese fenómeno. Vilis es una ciudad-texto alzada con los vahos de todo lo que García Vega describe como «todo lo en mí acumulado inútilmente». No hay nada parecido a *Vilis,* cierto; y saber que hace más de medio siglo García Vega fue protegido de Lezama Lima y compañero de los barroquistas tropicales de la revista *Orígenes* –Eliseo Diego, Cintio Vitier, Fina García Marruz– ayuda a aumentar el asombro. Aparente suite de prosas poéticas estilizadas o bastas, jirones de escritura automática, especie de fotogramas y citas surtidas, *Vilis* es a la vez tela cubista y resultado de selección y extracto de hallazgos. De los inconsecuentes habitantes, el más citado es un *Constructor de Cajitas*. Las cajitas del hombre, como los párrafos del libro, acogen elementos de sustancia y procedencia diversas. No sabemos si lo acomodado en las cajitas-párrafo del libro cifra experiencias del autor o sólo está para señalar la violencia que hacemos a las cosas dándoles contenidos, para ampararlas del estereotipo. Los resultados, por supuesto, recuerdan a las deliciosas cajitas hermético-teatrales de los surrealistas, pero mucho más a las inefables cajitas que montaba Joseph Cornell con piezas recogidas en la calle. «Algunas veces, Tom Mix se tira desde el balcón del Hotel y cae, como si nada, sobre su caballo». No hay por qué negar que *Vilis* es un collage. Muy reñido con la alegoría, sin embargo; se advierte que el autor no pretende transmitir y acaso no sabe qué representa cada elemento –como si sólo importase el color, la textura, el peso o la función real– y mucho menos el conjunto. *Vilis* es uno de los momentos en que la literatura parece pasar de la línea al volumen, de la sucesión a la simultaneidad, anular el tiempo en espacio.

García Vega es un exiliado radical. A Cuba la llama «la Atlántida». A la zona de Miami adonde fue a parar después de varias peripecias, donde vive lejos incluso del Exilio y hasta hace poco trabajó de changador en un supermercado, «Playa Albina». Tiene ochenta y un años, diabetes y tres *by-passes*. Para domar los síntomas de sus males camina y camina por la Playa Albina, y anota lo que ve –el carrito de un heladero nicaragüense, gestos y cuadros de un amigo pintor, comentarios sobre telenovelas, una pared, sucesos de su vientre en el retrete–, lo que sueña –políticos cubanos de los cuarenta vestidos de dril blanco, su madre, frascos y publicidades en vidrieras de farmacias– y lo que leen él y su turba de heterónimos. Parece que hubiera superado cualquier discontinuidad entre mirar, recordar, soñar, delirar, leer y escribir. Nació en 1926 en Jagüey Grande («yo procedo de una tierra colorada, fea y pobre»), vio revueltas contra la dictadura de Machado y obsecuencias disimuladas, la república, Batista; en reveladoras tardes de cine se resarció del plomo de los jesuitas; se graduó en derecho y filosofía, conoció la Habana de las luminarias nocturnas, ganó el Premio Nacional de Literatura, escribió en la Habana del hermetismo originista, después, durante el trabajo voluntario socialista, pasó de la expectativa a la rabia, se exilió y siguió escribiendo en Madrid, en Nueva York, en Caracas. Toma la compulsión a experimentar como un destino: su «oficio de perder». Cita y copia sin reparos a maestros, contemporáneos y sucesores, los enlaza, los transfigura y los celebra. Son modos de descargarse del «garabato ortopédico del pasado».

Algo que importa de la poesía es cómo responde a las circunstancias cambiantes y a la zona local de cada mente, a esa intersección de muchas cosas diferentes para cada poeta y en cada momento según el poeta se mueve por el tiempo. El modo de innovar de un poeta es su modo de responder a las contingencias. En realidad la poesía es inmune al exilio. Es una actitud de sintonía con el mundo, de afinación, y el deseo de mantenerla viva. Atención ecuánime a los detalles, solución de problemas imprevistos, aprecio del tono emotivo y la textura intelectual de todo lo que se aglomera en un momento, percepción desinteresada e inmediata, memoria involuntaria, asociación más o menos libre. García Vega comprendió que, para escribir de acuerdo con la discontinuidad de su experiencia, bien podía tomar los elementos más insistentes en cada momento, agregarlos en un lugar y dejar que se comunicaran desarrollando leyes propias, corredores, un proyecto de laberinto.

En el prólogo a *Los años de Orígenes* cuenta cómo una diáfana mañana de Madrid, en el otoño de un año que no precisa, el descubrimiento del zen en un libro del psicólogo Hubert Benoit, unido a un deseo repentino de fundirse con el aire, los bancos y los transeúntes —de entrar en el aire como quien entra en un espejo y queda atrapado, de convertirse en el aire y el paisaje hasta llevarlos «como se llevan los propios huesos, la sangre»— le pusieron en entredicho el plan de contar su vida en Cuba. Si narrar era una vocación de dar testimonio, mal podía hacerlo el que aspiraba a vivir más allá de sí mismo. «¿Puede ser testigo quien deja de ver lo que separa al sujeto del objeto?». García Vega no quería desintegrarse; se preguntó si no podría entrar en el paisaje por un sistema, por una *estereotipia sana*. Pero el zen era una experiencia que pugnaba por no ser experiencia, un deslizarse por «el recoveco que el espacio de una noche deja», pero sin poder agarrar nada. El dilema iba a reaparecer más tarde bajo la luz dura del invierno de Nueva York. No sólo era asunto de evitar el juicio o la interpretación, esas formas de «agarrar» la experiencia. Mucha historia había pasado por él, «atravesándolo». Muchos hechos se irisaban, se juntaban o descomponían cuando miraba sus últimos años, y ahora tenía enfrente una ventana –«muy a lo Hopper, muy a lo New York»– y una fuente con nieve, árboles secos, alguien que arrancaba un coche, y además llevaba en él la huella de un sueño de la víspera en que había acariciado a una mujer desnuda en la cocina de una casa semidestruida. Se resistía a identificarse con todo eso junto. Lo que quería era decir ciertos hechos que le importaban «como el que refiere sus varias investigaciones estáticas»: superponiendo un punto a otro diferente, un personaje a otro, una situación a otra. Decir las cosas separadas, en yuxtaposición. Hacer del relato un mural. «El narrador puede atraer a su relato esa muda e indefinida multitud de aspectos: la circunstancia sonará sordamente, el espacio se dibujará como un collage. Será como llevar un centro fotográfico a diferentes relieves. Trazar una voz, referir una anécdota, seguir por un instante un trazo de nieve en la acera, como quien vive dentro de una heterogénea estructura plástica.»

Sólo que «la indefinida multitud de aspectos» de una escena turbaba la transparencia testimonial. Y, cuando sus libros viraron resueltamente a lo plástico, la escritura empezó a cobrar un aspecto críptico –descifrable a lo sumo para el que contara con claves expuestas en los libros largos– y García Vega se preocupó. Desde entonces viene temiendo hacer «una literatura autista». Pero hay un poco de coquetería en ese temor. Hubert Benoit, el psicólogo zen, predicaba un lenguaje *noconvergente*: «En el lenguaje usual, hablo, quiero la palabra y *oigo* la palabra que *yo* digo. En el lenguaje no-convergente, me mantengo quieto y *escucho* la palabra que me es dicha». García Vega se tomó el ejercicio a pecho, aunque sin ceremonia. Hizo que la familia y la época del legendario movimiento Orígenes *dijeran*. Se expurgó de «lo cubano» en una memoria, como después iba a aligerarse de sí mismo en una autobiografía. Logró que su padre y su madre, el folletín fogoso y mojigato de la burguesía cubana, la retórica martiana, la hermética paliativa de los origenistas, las ambivalencias del maestro Lezama y los desvelos, calvarios y entusiasmos o decepciones de su generación bajo el castrismo «dejaran de hacer el coco». La prosa rezongona y campechana, iterativa, no-convergente de esa especie de narración lo adiestró en «enlazar lo que parece más desunido» y en presentar las cosas «sin tratar de darles mayor o menor significación que la que tienen por su propia vida o su propia muerte».

Ese iba a ser el juego en adelante para el apátrida albino: hacerse un lugar que fuera «el anticipo de la nada». No un instrumento para apoderarse de la experiencia, sino una contramemoria, un objeto, había dicho Jasper Johns, «para la desaparición de los objetos». Un lugar donde las voces interiores se extenuaran de repetir siempre lo mismo. Un amparo para la anomia, reemplazable, sin bienes; más que portátil, un lugar llevadero. Un lugar como el pensamiento: flujo, agitación íntima, desordenada, casi prelingüística, difícil de manejar, irrefrenable, sin paraqué. Pero si el pensamiento es un derroche de energía, hay un lenguaje que se encarga de hacerlo comprensible y práctico. Lo encauza, lo inmoviliza, lo trocea y lo da a entender por partes. Lo encapsula. Por suerte hay cuantos de energía loca que se escapan; quedan a la deriva. García Vega piensa que el arte debe encontrar, en las partes del pensamiento que el lenguaje ha separado y endurece, la energía cinética anterior al lenguaje. Es un juego. Frente al invencible desorden del pensamiento, dice García Vega, no vale ninguna contemplación activa. No hay nada que hacer. Nada de Dios ni demiurgia poética. «Soy sólo un jugador», dice. O un Burroughs, «una máquina de registrar ciertas áreas del proceso psíquico».

Cada cajita recibe un grupo de vivencias y percepciones. Entradas del diario de un Constructor de Cajitas forman parte de la galería arbitraria y la ciudad orgánica que son las ochenta páginas de *Vilis*, depuración extrema de un mundo personal pletórico. El método es el mismo para cada fragmento-cajita que para el libro entero pero, como los elementos de cada cajita son diferentes, *Vilis* no tiene ni siquiera la armonía de un fractal. Aun así se puede entrar por cualquier lado. Para orientar se mencionan ciertas instituciones como el Cabaret Las Rosas, la calle Rivadavia, el supermercado Públix, la Biblioteca Nacional, el cine Rialto y el Neuropsiquiátrico. La selección de personajes es nutrida y entre la multitud de comparsas, impostores y dobles de gente real es fácil distinguir a los heterónimos de García Vega (el psicótico Artemio López, un jesuita onirólogo, el surrealista Antón Pereira). Cantidad de citas, de Petrarca a Warhol, de Robbe-Grillet al bolerista Chucho Navarro, se ofrecen como comentarios. Un fragmento-cajita puede contener todo un bolero, noticias de costumbres, un chorro de recuerdos de un funcionario que asiste a un funeral. Otro, el sueño de una cabaretera o de un loco sojuzgado por una madre rencorosa. Al Constructor de Cajitas lo atribulan problemas como la reducción del olor de un pasillo recién barrido a una melodía de jazz, o el montaje de los objetos de una cajita de modo que, despertándonos la atención, «toque las máscaras con que nos disfrazamos». Una de las funciones de una cajita es disparar la memoria achatada al mundo poliédrico y arrasador de las correspondencias. Construir cajitas es «como trabajar con un material que puede hacer daño»; y se hace sin técnica probada de planteo y resolución, sin defensas ni miedo al ridículo. Una cajita puede ser así:

Hay una inundación. Botes, bomberos, el carajo. Todas las Brigadas de salvación acuden al lugar. Habla un hombre gordo, ojos saltones, con pullover de un sepia desleído. El gordo tenía…, o el gordo se proponía… Pero no se puede decir más, pues en Vilis las cosas se olvidan en seguida. Es lástima.

O así:

Esa noche, Artemio López agotó al psiquiatra hablándole de la madre de Domingo Faustino Sarmiento. «Las madres no mueren», terminó diciendo.

¿Cómo se lee esto? Fluidez, rotación, imágenes que colisionan o se acoplan, plaga de vínculos ilícitos. Dentistas travestis; explota un *petardo de seda*; un hacha enorme se incrusta en el centro de la ciudad; se discuten teorías del excusado. Esto no es hermetismo, ni criptografía ni poema en prosa. No es escritura automática; hay una conciencia que corta y pega los materiales. Tampoco es de una virtualidad absoluta, ni tiene la costura primorosa de las tramas de Roussel. En *Vilis* nada concluye; sólo seguimos las pulsaciones de una inquietud mental clandestina. García Vega suele decir que, más que escribir frases completas, siempre ha buscado los últimos elementos de su imaginación; ese *residuo* que también interesaba a los alquimistas. De modo que *Vilis*, aceptémoslo, es un teatro para la escenificación de ninguna otra cosa que sus sueños. Sólo que él, dice, los retoca «un poquito». Y aunque asegure que lo «alucina hacer collages» y aluda siempre a Burroughs, se diría que el zen le ha permitido sacar los *cut-ups* listos de una cabeza completamente tomada por la poesía.

García Vega vivía ya en Miami, maduro y «alucinado con Roussel» pero atado aún a poéticas que no le concernían, cuando en medio de una caminata vio una colchoneta tirada en un baldío y tuvo un despertar. Sumada a un acercamiento a Duchamp, la visión de la colchoneta le permitió «empatarse con Roussel», adelgazar su persona y crear un heterónimo culminante, el doctor Fantasma. Ahora esclarecía la meta para la cual se había entrenado siempre; no ya ser poeta, escribir versos, tener una voz, sino (con cita de Valery) «penetrar en el estado del poeta, aunque únicamente como demostración, como medio, como recurso». Escribió *Palíndromo en otra cerradura,* un texto incalificable basado en las notas de Duchamp para el Gran Vidrio, y «cortando, serruchando, talando» entró en el mundo de sus sueños para salir «con las imágenes convertidas en piececitas». *Palíndromo...* es un manual de fórmulas inconducentes, personas verbales resbaladizas y vivencias intervenidas. Una de las partes es una lista de «cápsulas Duchamp» para energías desatendidas: la del crecimiento de las uñas, la de las miradas duras, la de las ganas de orinar causadas por el miedo.

De las muchas colecciones de cajitas y cápsulas con que García Vega ha extendido desde entonces su Laberinto, *Vilis* es la más hospitalaria. En otras el montaje verbal se vuelve escabroso y el homenaje o tema original sólo sirve a que el aparato no se derrumbe. Y aunque hace mucho que se resignó a escribir solo, a veces García Vega se desespera. «No puedo instalarme dentro de mi desgarrón... No tengo hilo, y por lo tanto no conozco nada del Laberinto», farfulla, y el lector empieza a preguntarse cómo va a hacer *él* sin un hilo que seguir, si el autor lo echa en falta. Hace un par de años, durante una lectura en el CCEBA, García Vega confesó que se veía como una figura solitaria sentada frente a un mar blanco; que no cree que alcance ya a instalarse en un lugar donde podría ser él mismo. Pero también contó que ha terminado por aceptar, aunque «a medias» y con una propensión a los textos autistas. Que escribe para «buscar el rostro de lo que no tiene rostro». Es indudable que el juego incesante le ha dado a García Vega intuiciones parciales de lo que no tiene rostro. Pero si esto al menos el lector lo percibe, ¿tiene además que entender? ¿Condolerse del autismo del poeta? Duchamp, a propósito, hablaba de un *eco estético* muy diferente del gusto: «El gusto procura una sensación... Presupone un espectador dominante que dicta lo que al espectador le gusta o le disgusta y lo traduce en «bello» o «feo» según se sienta complacido sensualmente. Muy al contrario, la «víctima» de un eco estético está en una posición comparable a la de un hombre enamorado o a la de un creyente que rechaza su ego exigente y, desvalido, se rinde a una fuerza placentera y misteriosa... Se vuelve receptivo y humilde. Eso es todo.»

Cierto que ante ciertas obras no muchos se sienten en condiciones de acertar. Sin embargo hay indicios de que, si el lector mira fijamente los poemas de García Vega durante mucho tiempo, al final podría oír un susurro. Tal vez los poemas estén incitándolo a hacer un montaje parecido con elementos propios. En ese caso, ¡enhorabuena! Todo el que acusa el eco estético de una cajita de Joseph Cornell siente la cosquilla de hacer una cajita él también. Y aunque después no haga nada, o el resultado lo decepcione, la inclinación mental permanece. Así que no lo duden. El rédito de la poesía es un deseo de poesía. En la polis mundial de la transparencia, *poesía* es el síntoma común de una de las tribus de autistas.

El escritor plástico

Sergio Chejfec

En el libro que ahora describiré, el autor se detiene en observaciones previas a la composición propiamente dicha. Cada recuerdo y objeto en general que rescata del pasado o del presente –su textura, color, luminosidad, su contexto, su condición en general– es considerado desde varios ángulos para decidir si vale la pena incluirlo en la escena que se dispone relatar. Obviamente es una coartada, porque el autor termina describiendo no solamente aquello que se propuso sino los obstáculos, ciertos o no, que para hacerlo encontró en esos objetos. El método de este escritor anfibio oscila entre la exaltación y la incertidumbre, pone en entredicho el significado de lo que cuenta porque la premisa de su estrategia es que, en primer lugar, uno sólo está seguro de lo que cada cosa no es.

Sobre el goteo de Lorenzo García Vega

Lorenzo García Vega es un autor prolífico y bastante conocido. Pero pertenece a ese grupo de escritores sobre los cuales cada vez que se escribe debe explicarse casi todo. Hay un motivo obvio: es un escritor infrecuente. Es esa infrecuencia, más allá de que sea conocida o no, la que pone a los comentaristas en la incómoda posición de construir sus argumentos desde la excepción, lo excepcional. Estoy seguro de que a García Vega no lo incomoda la palabra infrecuente, y acaso podría aceptar que lo llamen raro. Sin embargo, raros son los escritores que escriben como se ha hecho siempre; o sea, nada más alejado de García Vega, que escribe como raramente se ha hecho.

La literatura de García Vega tiene un vínculo muy estrecho con lo excepcional, en el sentido de lo que ocurre por única vez. Por otra parte, tiene un estilo muy particular, parece escribir como si hablara en voz alta, y en sus composiciones los hechos se describen como únicos, peripecias de tenso y oculto significado, aunque se repitan de un libro a otro y bajo diferentes combinaciones.

Uno de los rasgos más característicos de este autor es que su escritura es reconocible de inmediato, para ello sólo basta una frase. Y sin embargo muy raramente sus libros son una sola cosa. Es difícil decir de cualquiera de ellos que se trata de algo en particular sobre algo preciso. García Vega escribe con la intención, o el resultado, de borrar las fronteras entre los esquemas literarios más típicos. Pero enseguida uno advierte que ello obedece menos a una intención que a la imperiosa necesidad de su estilo y de sus elecciones temáticas.

Varios de sus libros hacen parte de una autobiografía dinámica y otros incorporan experiencias vividas. Con el paso del tiempo, una vez que la vida se hizo escritura, lo escrito se ha vuelto vida. Un ejemplo de ello es Playa Albina, el lugar de leyenda donde se vive y desde donde se escribe. Lo que más me llama la atención de García Vega es cómo los hechos del pasado continúan vigentes mientras son recuperados, están vivos, adquieren el estatuto de lo simultáneo, siempre son mencionados en su carácter de señal alerta, como si nunca hubieran dejado de ocurrir, y como si el verdadero encargo de la literatura fuera actualizar el recuerdo y someterlo al mandato de un presente constante.

Estas características están también presentes en un libro que García Vega publica en 2010, una edición de 200 ejemplares: *Son gotas de autismo visual*, de Mata-Mata Ediciones, en Ciudad de Guatemala. Gotas, autismo, visual. El título ofrece algunas claves. No me refiero al autismo, esa condición psicológica o social con la que los narradores de García Vega se han ido familiarizando de libro en libro, de cuyo carácter son emblemas arquetípicos el portero de Gucci o el *bag boy* del Publix, sino a la idea de gotas en el sentido de unidades independientes y serializadas, repetidas pero autónomas, como los párrafos y desvíos del autor; y me refiero también a la promesa de visualización, en tanto una naturaleza o escena previas al texto que deben ser organizadas de un modo, antes que legible, visible. Porque el narrador de estas *Gotas...* no tiene ningún problema en anunciar que estamos frente a construcciones plásticas, unidades visuales en las que se combinan elementos heterogéneos de manera más o menos autónoma, o más bien, de manera tributaria de los roles simbólicos que han asumido, pero autónoma una vez que han pasado a formar parte del nuevo dispositivo visual.

Así, en el comienzo el libro anuncia la primera escenografía. García Vega está en su casa. Ve el reloj sobre la mesa, ve la hora indicada, ve las agujas, ve la madera que lo rodea. Ve todo separado y junto al mismo tiempo. Los elementos pertenecen a naturalezas distintas, pero coinciden en el encuadre. Luego pegará sobre la pared varias tapas de libros, fotografías, recortes de colores, reliquias del pasado. Es un comienzo dedicado a exhibir el dispositivo del autor, ya que más adelante esas operaciones físicas de poner, agregar, pegar, recortar, quitar, reemplazar, etc., serán menos anunciadas y estarán más implícitas. En cierto modo, el libro vendría a ser la descripción del proyecto de un artista plástico, o de un escritor convertido en documentalista que no quiere renunciar a la palabra escrita pero valora más la elocuencia de lo físico y lo tangible. Porque el pasado, esa copiosa veta de premoniciones y experiencias que cuando se lo convoca anula la sucesión cronológica para flotar en la constante duración proustiana del recuerdo, ese pasado no es obediente, se manifiesta a los saltos, o más bien a los tumbos, vapuleando al autista que ha tomado como sujeto y víctima.

Alguien admirado por García Vega, mencionado en este y otros de sus libros, Joseph Cornell, puede alumbrar la personalidad estética, y en parte el procedimiento, del vecino de Playa Albina. En primer lugar están las famosas cajas cornellianas, o cajitas, cuya forma de elaboración, al usar materiales heterogéneos —ya sea simbólicos, documentales o meramente arbitrarios—, tiende a ser recreada en estas *Gotas...*; y en segundo lugar está el valor icónico que la misma instalación asume para el artista. Porque así como para Cornell las cajas eran una vía para representar un autoexamen, que gracias a las mediaciones de los objetos y su sucinta escenografía miniaturizada, develaba y ocultaba, oscilando entre la confesión y el secreto, de modo similar para García Vega, la construcción de esos paisajes visuales despliega una gramática de la revelación y el ocultamiento.

Es secundario que García Vega ignore, según dice, el significado último de los episodios a través de los cuales él mismo se cuenta, porque, naturalmente, así como no nos sentimos atrapados por las cajas de Cornell por lo que puedan decir u ocultar sobre su vida o su conciencia, sino que al contrario, nos cautiva asistir a un sistema de alusiones abstractas representado con objetos prácticamente bastardos, del mismo modo, la construcción verbal de García Vega funciona como el monólogo de alguien que busca representarse subrayadamente, pero con un contado y casi mudo inventario de anécdotas. Es digamos, el sujeto escaso, el pobre en experiencias que, precisamente por eso, precisa invocarlas reiteradamente y en términos de profundidad. De ahí la repetición de motivos y secuencias, como si se tratara de barajas recurrentes. Los episodios que convoca (los objetos) obviamente no están tan discriminados ni son tan disímiles como los de Cornell, porque naturalmente los de García Vega no son tangibles. Por ello sería quizás incongruente una analogía directa entre las cajas de uno y las construcciones verbales de otro.

Y sin embargo el procedimiento es similar. De hecho, la puesta en escena textual de *Gotas...* recuerda una serie de piezas de naturaleza ambigua, que no fueron concebidas como «obras» por parte de Cornell en el sentido usual de la palabra, pero que ocupan un lugar ambiguo, a la espera de convertirse en tales. Me refiero a los dossiers, esas carpetas o cajas en las que Cornell iba agrupando cosas variadas según un orden dado que podía ser temático, cronológico, afectivo, conceptual, utilitario, etc. Estos dossiers permiten ver una lógica en funcionamiento (o varias) que tiende a categorizar las señales y objetos del mundo, porque fueron las verdaderas cajas de donde Cornell extraía las piezas, o sus sucedáneos, que componían las otras cajas, las fabricadas.

Entonces, a diferencia de las cajas o collages habituales, que buscan expresar y esconder una interioridad, los dossiers guardan la lógica veraz del inventario y la dimensión empírica de la acumulación: se expresan como recorte y selección. Son capciosamente gráficos por lo que guardan, todavía ninguna intención de que sean estéticamente representativos los rescató. Creo que en esta forma de acumulación ecléctica, un poco a destiempo por lo lenta y elástica, pero que al final se manifiesta de manera urgida, porque no de otra forma se pone de manifiesto la expresión de García Vega, o sea, como un precipitación nerviosa, se esconden las claves de los episodios que dan vida a las ficciones autobiográficas de este autor. La misma naturaleza de las anécdotas impone una representación tipo «instalación verbal», o discurso visual como da a entender García Vega.

Una de las preguntas más interesantes e intrigantes que ofrecen sus relatos (aunque en realidad, cómo llamarlos: ¿narraciones, piezas, alegatos, prosas, derivas, comentarios, ensayos?) pasa por la relación inarmónica que hay entre lo dicho y lo que se ha querido decir. Es un simple malentendido que convierte a García Vega y a su escritura en algo extrañamente vigente y atemporal. Es como si hubiera asumido un programa de impugnación sistemática de Lezama Lima, quizás uno de los últimos y más grandes escritores con plena confianza en las posibilidades de representación de la lengua.

García Vega se propuso relatar la decepción, dentro de ella la imposibilidad de hacerlo, incluso como decepción, frente a cualquier narración. Lo que queda, entonces, son las intenciones. Pero como se sabe, es imposible confiar en las intenciones de los escritores. García Vega lo sabe; por ello se propone construir objetos con palabras.

Transcribo por último, para eventual provecho de los lectores, los dos párrafos finales de *Gotas...* Es como si la descripción de los hechos venciera a la narración. No otra cosa apreciaban los surrealistas; aunque en este caso es más real.

> Pero, ¿qué fue lo que se hizo para poder fabricar todo lo que acabo de enumerar? Pues bien, lo que se hizo fue muy sencillo: primero se introdujo, dentro de una cajita, una imprevisible, sombra táctil; después se estableció –por supuesto, dentro de la cajita– la relación con un teléfono que no sonaba; y entonces todo quedó –al oscurecerse, más y más, el soñado montón de oscuridad–, súbitamente fabricado.
>
> Así fue la cosa, aunque no se entienda, ya que todo esto, producto de una fabricación sencilla, no deja de estar bastante enredado.

En su momento, la pregunta que muchos comenzaron a hacerse frente a piezas y acopios como los de Cornell fue dónde comienza y termina lo que puede ser considerado obra. Es la misma pregunta que proponen los textos de García Vega, porque son piezas textuales que no se han concebido como obras, y sin embargo inevitablemente lo son.

El boxeador, el encordado, la derrota

Gabriel Bernal Granados

En *El libro perdido de los origenistas*, Antonio José Ponte dedica uno de los capítulos de la historia de Orígenes a Lorenzo García Vega. La razón principal de este aparente desvío del canon origenista, que tiene en Lezama Lima, Virgilio Piñera, Eliseo Diego y Cintio Vitier a sus figuras principales, acaso se encuentre en el terreno de las deudas. Ponte, en efecto, confiesa deber parte fundamental de su comprensión de Orígenes a un libro de Lorenzo García Vega en que el autor demuestra la imposibilidad de historiar un fenómeno que cae fuera de la historia. No tanto porque Orígenes fuese el brote auténticamente insular dentro de una fantasmagórica vanguardia latinoamericana, sino por algo mucho peor que esto. Lorenzo García Vega, en su libro *Los años de Orígenes*, «se encarga de devastar el grupo de gestos que Lezama y otros origenistas, él mismo entre ellos, ordenaran». Esto significó derribar un mito dominado por la envoltura de lo sublime y, por los años inmediatos a la publicación del libro (1979), una traición imperdonable a la patria origenista.

Antes, hacia fines de los sesenta, García Vega había partido al exilio, y con el tiempo, para algunos escritores de la siguiente promoción cubana, se convertiría en el modelo del escritor exiliado. A decir verdad, García Vega se convertiría en algo más que eso. Más allá de las figuras encarnadas por Eliseo Diego y Gastón Baquero, origenistas que murieron en el exilio, Lorenzo García Vega se convirtió en el estigma del escritor cubano, no sólo desengañado del mito sino hacedor de la contraparte del mito que esa actitud genera. Ponte, haciendo eco de la nomenclatura del propio Lorenzo, lo propone no-escritor, y razona sus motivos: «El *no-escritor* escribe pero borra, hace borrando, afirma en una oración lo que negará en la siguiente, tiende a un cero de escritura. Evita así la fama, la famita, esa suma de malentendidos».

Aunque esas líneas se refieren a *Los años de Orígenes*, un libro que le valió a García Vega esa suerte de ostracismo con que se castiga a quienes infringen el protocolo de las repúblicas letradas latinoamericanas, la forma en que desmontan la poética y la ética de García Vega se aplica a las mil maravillas a una continuación ancilar de esa primera novela de memorias, que su autor, fiel a la tradición del No a la que pertenece, ha titulado *El oficio de perder*.

Como muchos otros libros de escritores cubanos en el exilio, éste ha sido publicado en México[1]. Sus 570 páginas representan un desafío a la perseverancia de sus lectores hipotéticos y, por otro lado, una decepción para quienes presuman encontrar en él las páginas que faltaban al desfile origenista. Al reseñar su infancia, su adolescencia y su «juventud» –que Lorenzo traduce a una Cabeza de Oro, a sus Hombros y sus Brazos de Plata y a su Torso de Cobre, en un cuadro de correspondencias gigantescas entresacado de la imaginación de Giorgio de Chirico–, el autor nos entrega una gramática; un manual adjunto para leer entre las líneas de su estilo repetitivo y adverso. Pero ¿adverso a qué? En primer lugar, a la propia persona; en segundo, a la escritura misma. Los recuerdos circulares que hilvanan la espiral del libro, las digresiones, los retornos, la pulsación del obseso que recuerda y a un tiempo anula sus recuerdos, las citas mismas y la ausencia de un hilo conductor definido constituyen los argumentos que tiene Lorenzo García Vega para descreer de la linealidad de la prosa. Su negación de la posibilidad del relato y de los subgéneros que el relato subordina no es nueva, sino una constante de la literatura a partir de los primeros años del siglo XX. Sin embargo, la novedad no es el propósito que persigue García Vega. En su manera de presentar los hechos o, como diría Ponte, los *no-hechos* de su vida, hay una afirmación de lo único que le es dable afirmar al escritor que escribe: la realidad de la escritura, como fenómeno autónomo separado inclusive de la realidad de la que se escribe, sea ésta la realidad de la Playa Albina o la realidad de los acontecimientos mentales que se presentan por la

---

[1] Existe también la edición española de Renacimiento (2005).

mañana o por la noche en calidad de pesadillas, recuerdos o simplemente ideas. Una de las intuiciones notables de *El oficio de perder* gira en torno a la materialidad de la nada, la sustancia literaria de algo tan anodino y cotidiano como el *cadáver de cal* de las paredes de la propia casa. «Mirar las paredes, sentado, es una de las cosas que más me ha gustado hacer durante casi todas las partes de mi estatua», dice. «Mirar sentado, como si oyera la música de John Cage. Y volviendo a la posible influencia de los jesuitas, me vuelvo a esta cita de Clarice Lispector, que tanto me gusta: "Voy a crear lo que sucedió. Sólo porque vivir no es narrable. Vivir no es vivible. Tendré que crear sobre la vida"». Nadie mejor que García Vega para suscribir esas frases.

Su *curriculum vitae* subyace en las razones de este largo monólogo. El exilio, para García Vega, comenzó en España en el 68; continuó en Nueva York, donde fue portero de la tienda Gucci; y perdura en Miami, donde el otrora iniciado en el ritual origenista trabaja como *bag boy* en una tienda de la cadena Publix[2]. La disidencia de García Vega, su negación a ultranza, es una de las razones que lo han vuelto tan atractivo a la nueva generación de escritores y poetas cubanos. Ven en él un eslabón con una tradición suya inimaginable ahora –la de Lezama Lima y Virgilio Piñera, que es a su vez una continuación de la tradición de Martí y Julián del Casal, es decir, una tradición que reúne a los opuestos–, y al mismo tiempo, la posibilidad de la crítica a la tradición desde la tradición misma.

Si Virgilio Piñera, con tanta sorna como sordina, había denunciado el ridículo en que incurrían con no poca frecuencia sus compañeros de aventura, García Vega desveló en su momento las miserias y la hipocresía que se esconden detrás de toda apostolado literario. El hecho de que se haya concebido a sí mismo como una estatua de varios metales es demasiado significativo para pasarlo por alto. Él mismo está hecho de los materiales que aborrece; él mismo, no-escritor escritor, escribe, y se sobrepone con ello a la falta de sentido de que habla Lispector. Su verdadera filiación intelectual y estilística se encuentra en los proyectos

---

[2] Este ensayo se publicó por primera vez en el libro *En medio de dos eternidades* (Libros Magenta, 2007), cuando Lorenzo García Vega aún trabajaba como empacador en esa cadena de supermercados en la por él denominada Playa Albina (Miami, Florida).

abolidos de Macedonio Fernández y en las reiteraciones obsesivas de las no-novelas de Thomas Bernhard.

El no-libro de Lorenzo García Vega, por tanto, tiene un tema. Los centenares de páginas de prosa de su *Oficio* están marcadas por algo que no semeja tanto un estigma vital como una cifra poética: el fracaso. La palabra acaso sea demasiado rotunda. El habitante de Playa Albina prefiere, para nombrar su oficio, un verbo mucho más simple que aquel sustantivo: *perder*. El «oficio de perder» al que se refiere, con sarcasmo, Lorenzo, se parecería al de un boxeador de la vieja guardia, de esos que se ganaban la vida aceptando soborno para dejarse caer. ¿No es el escritor el eterno contrincante que muerde el polvo una y otra vez, pese a encontrarse en condiciones óptimas para alzarse con el triunfo? García Vega, como el argentino Macedonio Fernández o el peruano Julio Ramón Ribeyro, hacen de su oficio de escritores una profesión de pérdida. Profesión perdida o condenada pues la presa, en la escritura, parece situarse siempre por encima de sus posibilidades de aprehenderla. Los tres, sin embargo, son escritores enamorados de la línea quebrada y de la recta. Su prosa se fragmenta o se acumula, según la necesidad y el caso. Viven bajo el imperio de la sorna y el títere. Y el Dios que mueve sus hilos es el descreimiento. Después de Nietzsche, ahí donde los demás ven ideales, ellos ven las cosas «humanas, demasiado humanas».

La función ha terminado, las luces se extinguen una por una y el boxeador que pierde sale por la puerta trasera con sus avíos en una petaca, dolor de puños y un tajo sobre la ceja. Al que gana, en cambio, le espera la fama, «la famita, una suma de malentendidos». Uno y otro, sin embargo, son necesarios para la continuidad del espectáculo. Lorenzo, total descreído, hace tiempo que ha declinado ser vencedor o vencido. Con este libro, el cual es ante todo una declaración de principios, ha abolido no sólo a los contrincantes, sino al réferi, a los espectadores y al encordado mismo. Con su libro vacío, en ausencia de la Obra, ha planteado los motivos de su caminar autista, postergándose a cada paso, sin darse alcance nunca. Ponte no lo dice en su ensayo, porque la presa se le hurta. Lorenzo es un escritor, una persona escurridiza. Para hablar de él hay que hablar de Orígenes, pero también hay que olvidarse de eso. Su signo es el de la ausencia –de los diccionarios, de las fotos, de las memorias de la Isla. Pero también es el exilio. Quien se exilia como se exilió García Vega a finales de los sesenta, es porque prefiere *no-estar*, no ser parte de esto ni de aquello. Es una actitud crítica tan natural como requerir de oxígeno para seguir respirando, en una atmósfera de por sí irrespirable. Hemos romantizado tan en demasía la voluntad de exilio que hemos perdido de vista su lado necesario y bienhechor. No habría literatura moderna en lengua inglesa sin los destierros premeditados de Joyce, Gertrude Stein, Ezra Pound, T. S. Eliot, Wyndham Lewis y Joseph Conrad. No habría tampoco literatura cubana actual –al menos no una parte sustantiva de ella– sin la diáspora prefigurada por el destierro de García Vega. ¿Será que el transtierro se ha convertido en un género, en una forma complementaria e inconsciente de diseñar la propia escritura? Tal vez.

El oficio de perder es uno de esos libros que fueron escritos para ser leídos únicamente por sus autores, en el momento extraño, arquitectónico, de su composición. Esta contrariedad aparente –que proviene de la mente inobjetable de Valéry– confirma aquí los reales de su procedencia.

Formas de lo siniestro cubano

Rafael Rojas

En varias páginas desbordadas de síntomas y arquetipos de *Los años de Orígenes*, Lorenzo García Vega afirmaba escribir aquellas amargas memorias de su juventud insular desde cuatro ciudades del exilio: Madrid, Caracas, Nueva York, Miami. Como en su libro anterior, *Rostros del reverso*, el paisaje de cada ciudad parecía emerger entre las páginas de lo que por entonces leía García Vega: la doctrina suprema del psiquiatra zen Hubert Benoit, *Growing Up Absurd* de Paul Goodman, *Life Against Death. The Psycoanalitic Meaning of History* de Norman O. Brown, *The Denial of Death* de Ernest Becker o *The Making of a Counter Culture* de Theodore Roszak (García Vega 2007: 9 y 292).

Aquellas lecturas, propias de la izquierda intelectual de Occidente en los años sesenta y setenta, las compartía Lorenzo García Vega con otros escritores cubanos de su generación en el exilio, como Carlos M. Luis, Octavio Armand, Mario Parajón, Víctor Batista o Fausto Masó. Casi todos ellos se habían identificado con la Revolución Cubana en sus primeros años y se habían desencantado con la misma cuando comenzó a asimilar ideas e instituciones del totalitarismo. El desencanto, en sus casos, llegó acompañado de una revaloración de todo el legado intelectual cubano, con especial énfasis en la revista *Orígenes*, dirigida por José Lezama Lima y José Rodríguez Feo –a la que perteneció el joven García Vega– y de una compleja desconexión de las ideas de la izquierda occidental –psicoanálisis, existencialismo, vanguardia, contracultura– del naciente socialismo cubano.

El dilema de asumir la condición de un joven intelectual cubano exiliado, en Nueva York, París, Madrid, Caracas o Ciudad de México, dentro de los círculos ideológicos y estéticos de las vanguardias de aquellas décadas, está elocuentemente plasmado en aquellos libros de García Vega. Su ajuste de cuentas no era, únicamente, con Orígenes, un proyecto letrado tradicional que él entendía y defendía en clave vanguardista, sino con la Revolución Cubana y, en buena medida, con el pensamiento de la izquierda occidental que respaldaba, en la isla, un sistema que limitaba derechos civiles y políticos fundamentales y que, en Estados Unidos y Europa, era instrumentalizada por los grandes poderes mediáticos del capitalismo postindustrial:

> Estas páginas sobre los años de Orígenes se escriben en New York, 1977, cuando los movimientos por una anti-cultura han sido devorados, siniestramente, por el sistema (las palabras de un Paul Goodman parecen haber sido dichas en un pasado inmemorial), y cuando los que soñamos con el espejismo de una Revolución Cubana sabemos que sólo ha quedado lo estúpido de una playa albina (Miami) o el siniestro sistema carcelario del castrismo. La Cultura ha seguido siendo la Cultura: horrible instrumento del sistema, donde lo mediocre profesional despliega la horrible jerga estructuralista, y donde los poetas, convertidos en poetas profesores, mascan chicles ectoplasmáticos, o juegan con sus pluralismos, y sus experimentalismos... Pero el notario de los años de Orígenes, cree que la marginalidad llevaba un reverso, y que el reverso terminaba en una anticultura. El notario cree que sólo esto tiene sentido. (García Vega 2007: 292)

Al desencanto con la apropiación del legado de Orígenes por el poder revolucionario y con la Revolución misma, García Vega agregaba el desencanto con las vanguardias occidentales de los sesenta y setenta que, luego de criticar la cultura capitalista, terminaban siendo procesadas por esta. De manera que el gesto intelectual de García Vega como exiliado cubano era bastante ajeno al de la última generación del antiguo régimen republicano (Eugenio Florit, Gastón Baquero, Lydia Cabrera, Jorge Mañach, Humberto Piñera Llera, Roberto Agramonte o Leví Marrero) y, de hecho, partía de una identificación mayor que la de estos con la experiencia revolucionaria. Una identificación que era generacional –García Vega tenía 33 años al triunfo de la Revolución, la misma edad de Fidel Castro–, ideológica y, también, estética.

No fue Lorenzo García Vega el único escritor del grupo Orígenes que se exilió. También lo hicieron Gastón Baquero, Ángel Gaztelu, Justo Rodríguez Santos y Julián Orbón. Pero el exilio de García Vega, en el otoño de 1968, se produjo luego de una inmersión profunda en el complejo tránsito de la ciudad letrada origenista –o, más específicamente, lezamiana– a la nueva comunidad intelectual creada por la Revolución. Es esa ubicación en el crucero histórico de la cultura cubana la que hace de García Vega un testigo privilegiado de los avatares y desencuentros entre la vanguardia insular y la vanguardia occidental, durante las primeras décadas socialistas. Un testigo que, a su paso, registra también las tensiones entre el nacionalismo cubano, revolucionario o exiliado, y las estrategias literarias del vanguardismo tardío. Luego de un itinerario tan zigzagueante, no es raro que García Vega acabara asociando los ontologemas nacionales de Orígenes y la Revolución con formas de «lo siniestro cubano» (2007: 273).

La sangre veloz

Cuando en 1948 apareció el primer poemario de Lorenzo García Vega, *Suite para la espera*, publicado por la editorial Orígenes, Lezama le dio la bienvenida en el número 17 de su revista con una reseña elogiosa, luego reproducida en *Tratados en La Habana*. Destacaba entonces Lezama que había una «incuestionable sangre veloz» en la poesía del joven García Vega, relacionada con una, en cambio, muy madura asimilación de las vanguardias poéticas de la primera mitad del siglo XX. Esa madurez, según Lezama, se manifestaba en que García Vega se desplazara del predecible «surrealismo» al más arduo «cubismo», que lo antecedió, y que prefiriera la sombra de Apollinaire a la de Breton. Aquella nota de Lezama sobre *Suite para la espera* es un documento propicio para leer la curiosa relación de Lezama con el surrealismo y, en general, con las vanguardias:

> Se percibe un alejamiento de la fluencia surrealista, y una búsqueda de planos cubistas: la estructura y la lejanía de cada palabra hierven su poliedro.

> Cuando Apollinaire tocó, encontró y no subrayó, drama surrealista, estaba ya hecho todo el remo largo de la otra realidad. Después que la exuberancia de Apollinaire encontró ese drama surrealista, las teorizaciones de Breton parecían laqueadas para ejercer una influencia. En aquel cubismo de Apollinaire y en el encuentro de aquella palabra, había la lucha del objeto frente a la temporalidad; para ello se buscaba una esencia dura, una resistencia armada desde la estructura hasta el reconocimiento. El sueño era una parte de la realidad, ni siquiera el más valioso de sus fragmentos. Los objetos pasaban al sueño en una danza de cuerpo y objeto enlazados. Las cosas, los objetos, la realidad, no entraban en el sueño como el baile perpetuo de las metáforas, la planicie, la bocina del fonógrafo, la navaja, la navajita, para desvanecerse en la temporalidad y continuar la ceguera, río debajo de la suma de las sumas. (Lezama Lima 1948: 43)

Lezama se refería a la conocida utilización del término «surrealismo» por Guillaume Apollinaire a propósito de su obra teatral, *Las tetas de Tiresias*, y contraponía aquella intuición a la consagración estética e ideológica del movimiento propuesta por André Breton en el Manifiesto de 1924. En la contraposición entre el «cubista» Apollinaire, amigo y defensor de pintores como Picasso y Braque, y Breton, Lezama deslizaba una crítica al surrealismo y al psicoanálisis en tanto estrategias estéticas que dejaban intactas la literalidad y la temporalidad del realismo decimonónico, invirtiéndolas. El surrealismo y el psicoanálisis, según Lezama, no pasaban de ser «teorizaciones ilustradas» o «conceptos sueltos que entran por la bocina del fonógrafo para desvanecerse en la sucesión fría» (1948: 43). No es difícil referir algunas críticas del pasaje citado a Dalí o a Chirico, aunque Lezama distinguía, en Breton, una historización de la literatura a favor del surrealismo que no le era ajena. En ese mismo texto mencionará la lectura bretoniana de Nerval y del propio Apollinaire y, en otros posteriores, presentará a Breton como discípulo de Victor Hugo.

La *Suite para la espera* de García Vega, según Lezama, era cubista, no surrealista. Y uno de sus rasgos distintivos era la representación de poetas, escritores o personajes literarios (Verlaine, Blake, Apollinaire, Vicentillo, Lord Jim, Jísabel, Carlos V, el Cid, el rey Don Juan, el negro Pip…) como máscaras fragmentadas por una mirada desde distintos ángulos.

Había en aquel poemario imágenes que podríamos llamar «surrealistas», como la «carretera de cristal», «el buitre insinuado tras las rejas», los «flamencos desnucados», las «tumbas rojizas de la infancia», las «cerbatanas de cera» o los «delfines de algodón». Y había también una voluntad de lector, un deseo de exposición o confesión de lecturas –«sí, he sido lector de Lautréamont»…, «las liebres en incienso de gaseosa a fecha de libro roto / en remiendo de algodonoso indio / los aviones de cartón César Vallejo»…, «Apollinaire al agua»…, «al campo ya Whitman rasquea sus andares»…– que describían un personal archivo poético (García Vega 1991: 11, 46, 56).

Encontraba Lezama en esos «conjuros de lector» del joven García Vega una familiaridad no libresca con los poetas del pasado, en la que estos no eran evocados únicamente como escritores sino también como hombres. El Apollinaire de García Vega no era únicamente el versificador postsimbolista o el defensor del cubismo, sino también «el artillero Kostrowisky que regresaba a su casa para aumentar su cantidad de añejo y encontrar una nueva novela pornográfica» (Lezama Lima 1948: 45). A diferencia de una «raza malhumorada de poetas a los que las influencias se les han convertido en cosa exterior, casual y obligatoria», las lecturas poéticas de García Vega escenificaban un diálogo real con los poetas muertos, especialmente, con Apollinaire y Vallejo:

> En esta sutil oportunidad del libro de Lorenzo García Vega, una influencia es un encuentro, una conversación o ese polvillo que se desprende y flota, precisa y desconcierta al objeto. Vallejo y Apollinaire recobran sus siluetas amargas y jocundas y nos estrechan la mano como si llegasen de un extenso viaje o se sentasen en el café con una soledad de constante despedida. Sus nombres, sus situaciones, sus aventuras y posibilidades, vuelven a herirnos como sus páginas, y así el verso conduce una nueva biografía, penetrando en nuestra propia sentencia como el autor que lo precisó puede penetrar por la ventana sorpresiva. (Lezama Lima 1948: 45)

Aún cuando Lezama destacaba el juego con voces vernáculas como en el verso «titingó, bambúes o bembúas» de García Vega, no asociaba el mismo a la «máscara del desfile» carnavalesco de la cubanidad o al «toque interjeccional», propio del afrocubanismo de la vanguardia de los veinte y treinta, sino a una apropiación de los «umbrales de la calle», que respondía a otro tipo de estética vanguardista (Lezama Lima 1948: 45). Hay, por tanto, en la lectura que del joven García Vega hizo Lezama una aproximación bastante nítida a una vanguardia otra, contrapuesta a la de la generación de *Revista de Avance* (Marinello, Mañach, Carpentier, Ballagas, Guillén, Martínez Villena…), que se apartaba, a su vez, de las codificaciones estéticas e ideológicas del nacionalismo cubano. En una lectura diferente a la de Lezama –y que, sin embargo, instrumentaba la de éste– Cintio Vitier intentaría retrotraer ese vanguardismo de García Vega a la estética nacionalista.

El mismo año de la aparición de *Suite para la espera*, Vitier dio a conocer, también en la editorial Orígenes, su célebre antología *Diez poetas cubanos*. El último de los poetas antologados era, precisamente, Lorenzo García Vega, apenas tres años más joven que Fina García Marruz. Pero a pesar de su juventud y de contar con un solo cuaderno de poesía, García Vega era incluido en esa antología como miembro de un movimiento poético iniciado en 1937, con *Muerte de Narciso* de Lezama. En la presentación de García Vega, Vitier era mucho más vehemente que Lezama en su rechazo al surrealismo –«descartemos un surrealismo precoz, nada artificial pero sin duda transitorio, que más bien acude para comprobarnos la autenticidad del caos que intenta conjurar»– y asociaba ese «conjuro del caos» más con Rimbaud que con Apollinaire, a pesar de que la marca de *Les Illuminations* fuera más débil en García Vega que en el propio Vitier (Vitier 1948: 229).

Vitier catolizaba el drama existencial de García Vega como una lucha entre el bien y el mal o entre «el ser» y «la noche, la lluvia y la epifanía de monstruos» (1948: 229). Una lucha que se movilizaba poéticamente desde un sentimiento básico: «el miedo terrible de perder el devenir» (1948: 230). De este modo la obra vanguardista del joven García Vega, apenas insinuada en un primer cuaderno, quedaba ahormada por el proyecto teleológico del nacionalismo católico origenista. Aunque sólo cinco años menor que Vitier, García Vega era tratado por aquel como discípulo y heredero de los grandes maestros de Orígenes (Lezama, Baquero, Gaztelu, él mismo). Un heredero llamado a lograr la confirmación y sobrevivencia de la tradición:

Se confirma así el signo de aquel movimiento que desde 1936 viene informando el centro de nuestra expresión poética, aquel impetuoso avance místico, irisado según cada temperamento, hacia las tierras más desconocidas y las figuras más vírgenes. Con Lorenzo García Vega, con su mundo de rocío isla adentro, de nostalgia en flechazos o grotesco en arlequines de palabras, con su tacto incandescente que esfuma el esperpento senil de la costumbre y nos grita absorto: Mirad, podemos estar ciertos que aquel impulso vuela a la región más angélica del tiempo y sigue henchido de la sed que importa, volcado a la luz y a la sustancia. (Vitier 1948: 230)

No es improbable que esta unción nacionalista de Lezama y Vitier aproximara la poética de García Vega a la corriente católica de *Orígenes* entre 1948 y 1956. Varios de los poemas aparecidos en la revista en esos años, como los sonetos «Gallo», «En el comedor», «Nuevos halcones», «Túnel», «Nocturno» y, sobre todo, las extensas composiciones, semielegíacas, «Historia del niño», «Las astas del frío» y «Tierra en Jagüey» –dedicado a Lezama– se colocaban en una perspectiva de evocación lírica de la familia, el pueblo y el paisaje republicanos, muy similar a la que se lee en cuadernos de Eliseo Diego y Fina García Marruz de la misma época[1]. Quien es leído, ahora, no es Apollinaire o Breton sino Marcel Proust, y la tríada conceptual del criollismo –tierra, sangre y espíritu– es afirmada como en pocos textos de la tradición origenista. «Oh, espíritu: ya tú eres la tierra, sin saberte, diciendo que fue al sur, / en Sinú el sueño en aguas; la cruz, la cruz de tierra / que ya siento en el recuerdo en sangre de mi espera», concluía el poema «Tierra en Jagüey», publicado en el número 25 de *Orígenes*, en 1950[2].

Ya en poemas de aquella misma época se observaba en García Vega un desplazamiento hacia la prosa, que acabará de consumarse en la primera parte de su diario *Rostros del reverso*, aparecido en la primavera de 1952, y, sobre todo, en su novela *Espirales del cuje*, cuyo primer adelanto fue editado en el número 27 de la revista, en 1951. Hay en toda esta prosa, sin excluir el fragmento de *Rostros del reverso* en que cuestiona el

---

[1] Véase García Vega 1991: 65-84.
[2] García Vega 1991: 84. Sobre el discurso de la tierra, la sangre y la memoria en el nacionalismo cubano y en Orígenes véase Rojas 2008: 279-378.

vacío histórico de Cuba durante el cincuentenario de la República –«me pregunto si en Cuba faltará totalmente la responsabilidad histórica. Si toda esta traición en la política y en el periodismo, de las generaciones más inmediatas a nosotros quedará sin ningún eco / ¡Porque pienso en la falta de destino que implica escribir en Cuba!... Pesan siempre muchas culpas: la nuestra frustración política, por ejemplo» (1952a: 40)– una presentación de García Vega como origenista cabal, que reitera ideas manejadas por Lezama o Baquero y que pronto serán sintetizadas por Cintio Vitier en *Lo cubano en la poesía*.

Esa concordancia no sólo era política –en el sentido de reiterar la frustración histórica de la isla y su encuentro con el *telos* por medio de la poesía– sino también estética, como puede leerse en *Espirales del cuje*, la primera novela familiar de un origenista, que recibió, por unanimidad, el Premio Nacional de Literatura el mismo año del golpe de Estado de Fulgencio Batista contra el presidente Carlos Prío Socarrás y del medio siglo republicano. En su importante estudio «Orígenes ante el Cincuentenario de la República», César A. Salgado ha descrito el poco reconocido rol que jugaron, en las ceremonias literarias por los 50 años de la República, Lezama, Baquero y Vitier, en tanto interlocutores del primer Director de Cultura de la dictadura batistiana, Carlos González Palacios. Los premios a García Vega y el Premio Nacional de Poesía a Roberto Fernández Retamar, otro joven poeta cercano a Orígenes, fueron, de algún modo, reconocimientos oficiales de la importancia literaria de aquellos poetas y, también, una distinción de los mismos en el diálogo con el poder.

El malestar de García Vega con esa interlocución es palpable en los fragmentos de *Rostros del reverso*, a pesar de que en los mismos no haya alusión directa al golpe del 10 de marzo. Al día siguiente del golpe, el 11 de marzo, García Vega (1952a: 31) se debate entre diversas alternativas de «internar el poema en los objetos» (Rilke, Kafka, Valéry...), asegurando una presencia discreta de la subjetividad. Sin embargo, siempre que en aquel diario alude al cincuentenario lo hace acompañado de una expresión de rechazo, no sólo a la realidad política, sino al efecto que la misma produce en Orígenes: «es que la violencia pasiva de nuestra circunstancia ha llegado a influir en nosotros, dándonos un color, un matiz. ¿Qué es sino esa cautela, ese enredarse en sí mismos que caracteriza todas nuestras reuniones?» (García Vega 1952a: 34).

Esto se publicaba en la propia revista, a la altura de 1952, justo cuando la obra de García Vega se acomodaba mejor a la poética del origenismo católico. La novela *Espirales del cuje*, también publicada en Ediciones Orígenes, estaba dedicada a Lezama –«cuando oía estos relatos en mi adolescencia, por el privilegio de su amistad y de su magia, tan esencialmente criolla». Pero el criollismo no era únicamente esa clave afectiva, de gratitud a Lezama, sino una apuesta estética deliberada de la novela, que se internaba en el mundo rural de Matanzas y Las Villas, en la tierra colorada y las fincas ganaderas de la zona, en las leyendas de los coroneles, los viajes a México y la armonía discordante de las familias católicas cubanas. El mundo de *Espirales del cuje* no era muy diferente al de Eliseo Diego o al del propio Lezama, sólo que su reconstrucción bajo las formas tradicionales narrativas lo acercaban a la corriente latinoamericana de la «novela de la tierra» (Gallegos, Asturias, Azuela, Güiraldes…), estudiada por Carlos J. Alonso (1990: 13-22). No es raro que ese criollismo provocara la adhesión de Cintio Vitier, quien en la antología *Cincuenta años de poesía cubana* escribía:

> Debe añadirse el sentimiento, expresado también en la irónica ternura de *Espirales del cuje*, de la realidad cubana como revelación de un soplo mágico que viene de la tierra y los hombres a través de la memoria. Todo ello evolucionando de la nostalgia cortante, el rencor, la extrañeza, hacia una alegría que busca revolverse creadoramente en sentido criollo de la fiesta, a través de lo que hemos llamado «nostalgia en flechazos o grotesco en arlequines de palabras». (1952: 379)

En sus memorias *El oficio de perder*, García Vega asoció también a ese «momento irreal», en que «masticaba pastilla de fantasma» (2005: 431-437), los cuentos que escribió a mediados de los años cincuenta y que conformaron el volumen *Cetrería del títere*. Pero lo cierto es que algunos de aquellos cuentos, como «Siesta de hotel», «Otro sueño», «Pequeño sucedido» y «Piel de estatua», publicados entre 1950 y 1956 en *Orígenes*, o «El caballero del frío», que daba término al volumen, se colocaban en una estética diferente a la de *Espirales del cuje*. Lejos de la nostalgia rural de

Jagüey Grande, de aquel niño criollo que soñaba con ser Amado Nervo, había en esos relatos una búsqueda del absurdo cotidiano en la Habana modernizada de los años cincuenta. El referente de aquellos textos ya no era Proust sino Kafka y, en no menor medida, Sartre y el existencialismo francés. Con aquellos relatos, reunidos en 1960 en el volumen *Cetrería del títere*, García Vega regresaba al itinerario vanguardista trazado en sus primeros poemas.

El volumen apareció en el segundo año de la Revolución, en medio de los debates intelectuales entre la nueva generación de escritores (Guillermo Cabrera Infante, Antón Arrufat, Edmundo Desnoes, Heberto Padilla...), nucleada en torno a *Lunes de Revolución*, y los viejos escritores republicanos, cercanos o no a Orígenes. A pesar de las no pocas conexiones que había entre la narrativa de García Vega y el vanguardismo de *Lunes*, *Cetrería del títere* fue negativamente reseñado en el mítico suplemento literario del periódico *Revolución*. Antón Arrufat lo criticó en una nota sobre varios libros editados por la Universidad Central de Las Villas, que incluía *Lo cubano en la poesía*, aparecida en el número 64 del suplemento (20 de junio de 1960), luego de haber juzgado duramente, tan sólo un mes atrás, en el número 59, la *Antología de la novela cubana*, compilada por García Vega para la Dirección General de Cultura del Ministerio de Educación, como «lamentable»[3].

¿Qué era lo lamentable, según Arrufat, de aquella antología? El principal reparo no tenía que ver con las inclusiones (Villaverde, la Avellaneda, Echeverría, Suárez y Romero, Martí, Meza, Nicolás Heredia, Jesús Castellanos, Carrión, Luis Felipe Rodríguez, Ramos, Loveira, Serpa, Montenegro, Novás Calvo, Carlos Enríquez, Labrador Ruiz, Carpentier, Lezama, Piñera, Alcides Iznaga y Nivaria Tejera) sino con las exclusiones y los acentos. Arrufat objetaba la ausencia de Ramón de Palma y Ramón Piña, el tratamiento privilegiado que se daba a Lezama –por encima, incluso, de Carpentier– y, aunque no lo decía, tal vez considerara, como su maestro Piñera, prescindible la novela *Amistad funesta* de José Martí. La crítica mayor tenía que ver con la selección de los capítulos y

---

[3] Arrufat 1960a y 1960b. Para un repaso de las críticas de *Lunes de Revolución* a Orígenes véase Díaz Infante 2005: 187-222.

con el enfoque que García Vega había dado a su antología: aquella idea, tomada de Ortega y Gasset, de no fijarse tanto en las tramas, conflictos o personajes sino en el «chafarrinón», en la materia prima de «pobres e inesenciales alusiones» que conformaban el cuerpo de cada novela (García Vega 1960: 7-8).

Sin embargo, a pesar de que por momentos García Vega todavía se acercaba a la retórica origenista de lo «nuestro», la «expresión» o el «paisaje», no había en el Prólogo a aquella Antología rastros de providencialismo católico. García Vega cerraba su texto en una «posición que reniega de todo balance, de todo compromiso inútil de solidificación, de toda visión de manual» y, por más señas, concluía con una cita de *¿Qué es la literatura?* de Jean Paul Sartre, en la que se cuestionaba frontalmente la pretensión de historiar un «ser» o una identidad nacional, que había caracterizado a *Lo cubano en la poesía*: «es inútil que pretendamos convertirnos en nuestro propio historiador: el mismo historiador es un ser histórico. Debemos contentarnos con hacer nuestra historia a ciegas, al día, optando por lo que en el momento nos parezca mejor... Estamos dentro» (1960: 21).

La familia dividida

Antonio José Ponte, César A. Salgado, Carlos A. Aguilera y otros estudiosos de Lorenzo García Vega han insistido en la fuerza de las representaciones familiares en el autor de *El oficio de perder*[4]. La analogía entre familia y nación no sólo es una constante en casi todos los escritores de Orígenes, fueran católicos (Lezama, Vitier, Diego...) o no (Piñera o García Vega, por ejemplo), sino el punto de partida de otra analogía más persistente: la de la familia y la comunidad intelectual. Es en esta segunda derivación donde la biografía política de García Vega, por vías diferentes a las de Piñera, llega a un cuestionamiento radical de las metáforas nacionales y filiales producidas por Orígenes y luego incorporadas al aparato de legitimación del orden revolucionario en Cuba.

---

[4] Véase Salgado 2004, Ponte 2002 y Aguilera 2002.

A diferencia de Piñera, cuya ruptura con Orígenes se produjo desde los tiempos de *Ciclón* y se acentuó en los primeros años de la Revolución, García Vega se mantuvo leal al origenismo hasta su salida de Cuba en 1968 e, incluso, hasta la edición de *Rostros del reverso*, que agregó, a los diarios de 1952 editados en Orígenes, los de su primer exilio en Madrid y Nueva York, entre 1968 y 1975. *Rostros del reverso* apareció en Monte Ávila un año después de la muerte de Lezama y es en ese libro donde encontramos las primeras deserciones explícitas de García Vega. Deserciones de dos familias ya para entonces ligadas por lazos de parentesco espiritual: la origenista y la revolucionaria.

Pero antes de *Rostros del reverso*, Lorenzo García Vega publicó un cuaderno de poesía, *Ritmos acribillados*, en el que retomaba por la vía poética el acento vanguardista de *Suite para la espera* y *Cetrería del títere*. Según cuenta Mario Parajón en el excelente prólogo del cuaderno, los poemas fueron escritos en La Habana, entre 1966 y 1968, los dos últimos años en que García Vega vivió en la isla. El tema de los mismos era la memoria de los años en que el joven poeta estudió en el Colegio de Belén, de la Compañía de Jesús, en la capital de los cuarenta. Casi todas las evocaciones de aquellos poemas (los «chillidos del Hermano Aguirre», «el ruido de su silbato que retuerce todas las paredes», las «huidas» del Colegio, que eran escapes al «miedo cifrado en un paisaje», el «sudor» de los curas...) remitían a una atmósfera opresiva y angustiosa (1972: 25-28). Parajón relata así la crisis de fe que sintió García Vega entre los jesuitas y que era rememorada en aquellos poemas:

> Un día Lorenzo se fue a la capilla con un libro de Nietzsche en la mano. La fe se le había escondido en alguna parte, la plática diaria en la misa diaria lo irritaba; era demasiado oír del infierno, del pecado, el escrúpulo, los libros prohibidos, el «fuera de la Iglesia no hay salvación», la fila por la «cuarta baldosa», el llamarle «General» a San Ignacio. ¿Por qué tenía que ser la Iglesia un Ejército? ¿Por qué tantas compañías, divisiones, dignidades y excelencias romanas? ¿Por qué el autoritarismo y no el desarrollo de la personalidad? (Parajón 1972: 12)

La evocación poética de aquella crisis de fe en La Habana atea y anticatólica de mediados de los sesenta debió poseer, para García Vega, un dramático trasfondo intelectual. Aquellos eran años en que iniciaba la marginación oficial de Lezama, luego de la publicación de *Paradiso*, pero, también, años en que otros origenistas como Cintio Vitier, Eliseo Diego y Fina García Marruz iniciaban una zigzagueante aproximación a la política cultural del gobierno revolucionario. La catolicidad origenista, lejos de ser entonces un elemento de convergencia con la ideología oficial –como lo sería a partir de los ochenta–, se colocaba en el punto de mayor confrontación doctrinal con el naciente Estado socialista.

Para García Vega, el reconocimiento de su abandono del catolicismo debía colocarse en una perspectiva de vanguardia, no asimilable al ateísmo comunista que impulsaba la Revolución. De ahí que, según su amigo Mario Parajón, la cercanía al surrealismo, al existencialismo y al psicoanálisis, que ya demostraba desde los cincuenta, apareciera entonces como búsqueda de una vanguardia alternativa. En algunos poemas de ese cuaderno, como el magnífico «Santa María del Rosario» –dedicado precisamente a Parajón–, «Aquella aventura» o «Ella en mi sombra» –con exergo de Paul Éluard– aparecía esa congelación onírica de la realidad, desde la sombra de una iglesia o desde la memoria de una infancia, que asociamos con los artificios bretonianos o freudianos.

Este proceso intelectual, que en *Ritmos acribillados* se expresaba líricamente, en *Rostros del reverso* se mostrará desde la transparencia confesional del diario. De las lecturas de Sartre y Freud, Artaud y Mallea, de las revaloraciones de Rubén Martínez Villena y Arístides Fernández, como arquetipos de una vanguardia cubana incorruptible, García Vega saltaba, en 1968, a la constatación, bajo el Madrid del franquismo tardío, del fracaso de toda vanguardia en Occidente. Desde su llegada a la capital española, García Vega choca con la juventud letrada que venera al Che Guevara y a Camilo Torres y recibe con desagrado el consejo de Antonio Buero Vallejo de «no emitir juicios sobre la situación cubana, ya que aquí, en España, no se ve bien, entre el mundillo intelectual, cualquier opinión contraria al sistema político imperante en Cuba» (García Vega 1977: 52).

Pero García Vega es un exiliado de vanguardia que, en medio del comunismo y el castrismo que lo rodea, en La Habana o en Madrid, lee a Herbert Marcuse e intenta concebir una poética liberadora. Las ideas redentoristas de aquella izquierda del 68 son incorporadas por el escritor cubano, no a una reflexión sobre el cambio revolucionario mundial, sino a una afirmación del exilio como condición paradójica, de emancipación artística −en términos marcusianos− y, a la vez, de impotencia política frente al régimen de la isla −en términos antimarcusianos (García Vega 1977: 62-63)−. Es entonces que García Vega debe repensar su lugar en la tradición de la literatura cubana y, en especial, su posicionamiento frente al legado de Orígenes, central en esa tradición.

En *Rostros del reverso* García Vega reproduce dos cartas que le envían amigos desde la isla, en el invierno de 1968. La primera, de un contemporáneo suyo, el poeta Manuel Díaz Martínez, quien comienza a tener dificultades con la política cultural del régimen por su participación en el jurado que premió, en contra de la posición de la Unión de Escritores y Artistas de Cuba, el poemario *Fuera del juego* de Heberto Padilla. Con ella, Díaz Martínez le enviaba un ejemplar de la *Antología de la novela cubana*, a la que catalogaba de «sorprendente» −en contra del juicio de Arrufat− e intentaba animarlo desde la posición de quien simpatiza con la Revolución, pero rechaza a sus burócratas y a sus apologetas de la izquierda latinoamericana y europea:

> Conozco esos vertederos de Europa…, a donde va a parar el pseudorrevolucionarismo de los pequeños burgueses de América Latina… (la ciudad de París es el más grande de todos) y la fauna que medra en ellos: el noventa por ciento de sus moradores son tipos que juegan a la revolución mientras más lejos están de ella, porque la pose de revolucionario viste mucho en esos países que, como España, están necesitados de hacerla. Pero para esos tipos la revolución es sólo un tema de sobremesa, una retahíla de frases más o menos explosivas cargadas de retórica política. Los que han vivido una revolución desde adentro saben que en ella la angustia es una suerte de heroísmo cotidiano, que las aguas que arrastran al hombre no siempre son limpias y que todo esto, y mucho más, convierte en traición el ditirambo, la loa y la intransigencia del optimismo mesiánico (casi siempre practicado por los que creen en el futuro sólo como una forma de asegurarse el presente). (García Vega 1977: 71-72)

El mensaje que recibía García Vega de su amigo Díaz Martínez, desde la isla, era de apoyo, a pesar de sus sintonías ideológicas con la Revolución. Aunque todavía se considerara «revolucionario», el poeta de *El país de Ofelia* y *Vivir es eso* podía imaginar la incomprensión que rodeaba a un exiliado cubano que aspiraba a una literatura de vanguardia. Pero el mayor aliento no provendría del amigo Díaz Martínez sino de su maestro y mentor, José Lezama Lima, miembro, también, de aquel jurado que premió a Padilla y que caería en desgracia por esos mismos años. En aquellas navidades de 1968, Lezama escribió a García Vega una carta en la que le regalaba el *leitmotiv* para el reconocimiento del exilio como condición intelectual:

> Y ahora, como muchos otros cubanos, podrás vivir en el Eros de la lejanía, reconstruir por la imagen la Orplid de la lejanía, que, como sabes, es uno de mis viejos caballitos, pues se trata, nada menos, que el que está cerca esté lejos y el que esté lejos toque una fulguración, un reencuentro. De tal manera que nos seguimos encontrando todos los días en la misma esquina, hablando en el mismo café, entrando en la misma librería. Eso es la novela. (en García Vega 1977: 101)

El aliento de Lezama retomaba una idea que antes de la Revolución manejaron varios origenistas, como Cintio Vitier en *Lo cubano en la poesía* y el propio García Vega en la *Antología de la novela cubana*, y que partía de la ponderación del rol del exilio en la formación de la cultura cubana, sobre todo, durante el siglo XIX. Para García Vega aquella idea era una buena manera de acompañar la crítica de la «estereotipia de la rebeldía» de la izquierda occidental procastrista con una defensa del saber literario que podía acumular el exilio. Sólo que para García Vega ese «conocimiento» o esa «cultura» del exilio debía ser formulada en términos opuestos al nacionalismo anticomunista que predominaba en las comunidades de cubanos asentados en Miami, Nueva York, Madrid, México y otras ciudades del exilio:

> ¡Es que existe el conocimiento del exiliado, es que existen los textos del exiliado!... ¡Cómo no va a existir el conocimiento del exiliado! Pero en ese conocimiento no cabe ya la adoración del Libertador montado en su caballo,

ni las noticias del general que quiso la grandeza. No, en ese conocimiento no cabe ninguna idolatría; no cabe la idolatría de los grandes hombres que amaban su bandera. Todo eso separa; todo eso, también, es la injusticia y la violencia, se dice el exiliado. (1977: 114)

Una lectura cuidadosa de los diarios de 1968, 69, 72, 73, 74 y 75 en el itinerario La Habana-Madrid-Nueva York-Miami, permite concluir que la necesidad de adaptar su poética literaria a la condición de un exilio vanguardista y cosmopolita fue el punto de partida de la crítica del legado de Orígenes que García Vega emprendería justo después de concluir *Rostros del reverso*. Algo de esa crítica se insinuaba ya en el espléndido retrato de Gastón Baquero, que hemos comentado en otro lado, cuando García Vega glosa los versos de *Memorial de un testigo* en busca, no de una tradición, sino de un estilo «audaz», «cortante», «socarrón», «vigoroso»[5]. Ese Baquero exiliado en Madrid, que le parece un «Cocteau disfrazado de general haitiano», es la encarnación del exiliado cubano que aspira a ser García Vega.

En Madrid o en Nueva York, viendo *King Rat* de Brian Forbes, leyendo a Benoit y a Brown, a Paz y a Musil, reencarnando a Kafka como burócrata de una compañía de seguros, psicoanalizándose con Rédinger o pasando horas frente a un cuadro de Hooper, de Mondrian, de Chirico o de Duchamp en el Museum of Modern Art, García Vega llega a encontrar la formulación plena de ese ideal de un exilio de vanguardia. Junto con el psicoanálisis y el surrealismo, sus viejas aficiones intelectuales, la tercera referencia será Karl Marx, un autor que descubre, no en La Habana comunista sino en el Nueva York pop de los años setenta. Es ese Marx, que dice «obsesionarle» y al que «quiere conocer profundamente», el que lo convence de que, en efecto, bajo el capitalismo el hombre es un «tullido». Esa certeza será el trasfondo de la definición del exilio como un estado de duda:

> Si bien salimos huyendo de una sociedad carcelaria, no es, por lo que parece, para conseguir la liberación, sino para hundirnos de nuevo en la ya tan sabida sociedad capitalista, con su sorda opresión, su implacable consumo, sus horribles chanchullos. Y es desesperante saber esto. Y es este

---

[5] García Vega 1977: 66-67. Véase al respecto Rojas 2008: 338-342.

conocimiento del exiliado, una tremenda forma de estar en la soledad, de estar en la contradicción, de estar en la duda. (García Vega 1977: 126)

Aquel contacto directo con las vanguardias artísticas, con el psicoanálisis y el marxismo, en los años setenta y sobre todo en Nueva York, fue una de las fuentes del radical cuestionamiento que García Vega hará de la tradición intelectual cubana en su libro más leído, *Los años de Orígenes*. La búsqueda de otra temporalidad poética y narrativa, que había retomado en *Ritmos acribillados* y que ahora continuaba en *Fantasma juega al juego*, tal vez su cuaderno más vanguardista, era el correlato de una evocación sombría y, por momentos, injusta de la experiencia de Orígenes. Algunos poemas y algunas prosas de *Fantasma juega al juego*, como «Texto martiano», «Arañazo mediúmnico», «Parodiando a Rilke, frente a pájaro muerto», «Tejido sobre tejido» o «Gotas geométricas», articulaban las obsesiones literarias de García Vega – el cuerpo, la memoria, el tiempo, la extrañeza…– desde una identidad fantasmal, que se afirmaba en una crítica inclemente a lo más tradicional, católico y nacionalista de la cultura cubana, que él veía cristalizado en Orígenes, en la Revolución y, también, en la toponimia imaginaria, antiutópica, de Playa Albina, es decir, el gueto cubano de Miami (1991: 191 y 234-262).

Desde la «Introducción Zen» a *Los años de Orígenes* (2007: 9-25), García Vega colocaba la crítica a Orígenes sobre una plataforma heterogénea de las vanguardias europeas y newyorkinas de los sesenta y setenta: Benoit y Robbe Grillet, Schöenberg y Cage, Capote y Paz… Aquellas referencias, que emergían como voces de diálogos perdidos en el exilio, regresaban a la memoria para demandar de García Vega una ruptura explícita con su tradición. Pero si se lee con reposo aquel libro disidente se observa que dicha ruptura se produjo de manera gradual y dubitativa, ya que García Vega, aún en *Los años de Orígenes*, no dejaba de considerarse un origenista. El ajuste de cuentas era, no sólo con Lezama, con Vitier o con Diego, sino consigo mismo, siguiendo las modalidades de toda deserción o de toda herejía, especialmente, de aquellas asociadas a religiones, como la católica, o a revoluciones, como la cubana.

García Vega reinsertaba al inicio de su libro el excelente ensayo «La opereta cubana en Julián del Casal», escrito en La Habana revolucionaria, específicamente en 1963, cuando se celebró el centenario del nacimiento del gran poeta modernista. Ya en aquel texto se detectaba la «cursilería» literaria en Cuba como un síntoma de «familias venidas a menos» o sectores sociales de la pequeña burguesía que, para afirmarse en la sociedad, restituían estéticamente la historia nacional. García Vega observaba ese *kitsch* restitutivo en una larga corriente intelectual que atravesaba todo el siglo XIX, del romanticismo al modernismo, de Heredia a Casal y de Villaverde a Meza. Sin embargo, al final del ensayo, llamaba a deshacerse de aquella tradición de «falsa opereta de un Segundo Imperio cubano», pero sin «posibilidad surrealista», ya que la misma no formaba ningún «fabuloso tapiz» o «juego mágico», sino el «rostro de lo desvencijado y de lo roto» e impedía la «conquista de la cristiana dignidad de la pobreza» (2007: 35-37).

El autor de «La opereta cubana en Julián del Casal» era todavía un origenista de vanguardia, no un antiorigenista como el que emergería en «Vieja y nueva moral» o en «Los padres de Orígenes», textos escritos ya en el exilio. De hecho, en los momentos de mayor disidencia de *Los años de Orígenes*, García Vega no abandona del todo la identidad origenista: «pese a todo sigo reconociendo la obra de Lezama, y quizás mantengo el orgullo de haber participado en la lucha de Orígenes» (2007: 109). Esta ambivalencia no es trasladable a la disidencia anticastrista, ya que para García Vega esta última se movilizaba desde un compromiso menos profundo con la Revolución. Sin embargo, en su caso, a diferencia de los críticos de Orígenes de *Lunes de Revolución*, el rechazo era una reacción contra el reconocimiento de la revista por parte del régimen revolucionario, que comenzó tímidamente en los años sesenta y que llegó a su apoteosis tras la muerte de Lezama:

> Triunfo de Lezama, y reconocimiento de Orígenes, que también sentimos como una claudicación. Pues Orígenes no sólo había significado, para nosotros, un esfuerzo para alcanzar una renovación en la vida intelectual del país, sino, más que nada, una lucha por la renovación espiritual de nuestra circunstancia. Pues vimos la pobreza de un Arístides Fernández, y la pobreza de Lezama, como decisión enraizada en lo religioso. (2007: 107)

Esta reacción, que todavía cargaba con el mito de la «pobreza» y la «marginación» de Orígenes en la República, llevó a García Vega a un cuestionamiento, ya no de la moral católica de algunos escritores de aquella generación, como Cintio Vitier, Eliseo Diego o Fina García Marruz, sino de la estética del propio Lezama, que a él mismo le había ofrecido una puerta de acceso a las vanguardias. La transferencia a Orígenes del mal gusto de la cultura republicana, del folletín y el *kitsch* de la tradición criolla, era desproporcionada porque muy poco tenía que ver con las poéticas literarias de Virgilio Piñera o el propio Lezama y porque la misma poética de García Vega, que también pertenecía a Orígenes, era su más clara negación. La idea de que Orígenes dio la espalda totalmente al surrealismo, al psicoanálisis y a las vanguardias es cuestionable en más de un sentido, si se estudia con más cuidado la obra de Lezama. Breton y Freud, como sabemos, no fueron ajenos a este último y la poesía de Lezama, especialmente el cuaderno *La fijeza*, como lo admitiera Octavio paz en *Los hijos del limo*, había representado, nada menos, que el fin del ocaso de la vanguardia hispanoamericana de los veinte y treinta, ya para entonces «vanguardia arrepentida», y el comienzo de una «vanguardia otra, silenciosa, secreta, desengañada, crítica de sí misma y en rebelión solitaria contra la academia en que se había convertido la primera vanguardia» (Paz 1994: 461).

García Vega, que en el fondo compartía la visión de Paz, abandonaba la misma en los momentos de mayor vehemencia retórica. La lógica de la doble disidencia, de Orígenes y de la Revolución, demandaba una pasión simplificadora que se advierte, sobre todo, en los pasajes que dedica a la recepción de Lezama y *Paradiso* en los ambientes del *boom* de la novela latinoamericana de los años sesenta y, especialmente, en la lectura que del autor de *La expresión americana* hiciera Severo Sarduy. La identificación que, en «De dónde son los Severos» (2007: 197-242), hizo García Vega entre la lectura neobarroca de Sarduy y la lectura católica y nacionalista de Vitier es insostenible o sólo comprensible como *boutade*. Lo que no significa que la codificación neobarroca de la poética de Lezama no sea, también, cuestionable en más de un sentido.

Como advierte Gustavo Guerrero, no faltaba en aquella reacción de García Vega el celo del heredero, que no admite otros procesamientos del legado de Lezama (Guerrero 2010: en línea). Celo paradójico, de origenista disidente que, no en balde, se proyectaba más rebajado en sus críticas a los detractores de Orígenes desde *Lunes de Revolución*. García Vega era menos tolerante con el lezamismo de Sarduy que con el antiorigenismo de Guillermo Cabrera Infante, Heberto Padilla y otros colaboradores de *Lunes de Revolución*. Su juicio sobre aquellas polémicas, que en más de una ocasión involucraron su propia obra, denotaba una ponderación, ausente en otras zonas de *Los años de Orígenes*:

> Y los jóvenes, muchos de los cuales se agruparon en *Ciclón*, y más tarde en *Lunes*, no pudieron comprender esto. Y los jóvenes querían que Regla se convirtiera en el Village. Y los jóvenes no entendían, ni tenían por qué entender, cuando algunos origenistas se ponían a hablar de Carlos V y de la Sacra Majestad Católica. Y los jóvenes creyeron que si Ginsberg era homosexual, Ginsberg no podía aparecer como discípulo de Jacques Maritain. Y los jóvenes nunca entendieron por qué, si Cintio era un poeta, un poeta que había querido a Ballagas, tenía, mojigatamente, que borrar todo el infierno sexual que en los poemas de Ballagas se traduce. (2007: 273)

Es justo en ese momento de *Los años de Orígenes* que García Vega esboza la noción de «lo siniestro cubano» como una dialéctica de la historia insular que esconde, tras la promesa de una integración, una separación mayor: «lo siniestro cubano fue más fuerte que nosotros: empezó separándonos y acabó por devorarnos a todos» (2007: 273). Según el propio Lezama, eso había sido la Revolución Cubana: «la gran prueba definitiva, la que nos llevó a vivir en tierra aliena, en el mundo desconocido de la dispersión y la secreta vida heroica» (1998: 326). La obra de Lorenzo García Vega fue, entre los años sesenta y setenta, la tozuda apuesta por una expresión de vanguardia en medio de la desintegración nacional que propiciaron el 59 cubano y todos sus exilios.

En unos de los primeros relatos que García Vega publicó en el exilio –significativamente en la revista *Exilio* (1969: 14-16)– se hablaba de la peor experiencia de desintegración cultural en un país marcado históricamente por el éxodo: la pérdida de las bibliotecas. Contaba entonces García Vega la historia de una familia habanera que había visto envejecer sus libros bajo las revoluciones contra los dictadores Machado y Batista y bajo el exilio impuesto por el socialismo fidelista. Aquellos libros envejecidos, abandonados por el frío, «chirriaban como los muebles», «silbaban, con un silbido de calles gastadas». Las formas de lo siniestro cubano tenían ese modo atroz de manifestarse.

Bibliografía

Aguilera, Carlos A. (2002): «La devastación. Conversación con Lorenzo García Vega». En *Crítica* 93: 46-61.

Alonso, Carlos J. (1990): *Modernity and Autochtony. The Spanish American Regional Novel*. Cambridge: Cambridge University Press.

Arrufat, Antón (1960a): «Una antología lamentable». En *Lunes de Revolución* 59 (16 de mayo): 10

— (1960b): «Saldo de una editorial». En *Lunes de Revolución* 65 (20 de junio): 20-22.

García Vega, Lorenzo (1952a): «Rostros del reverso». En *Orígenes* 31: 30-40.

— (1952b): *Espirales del cuje*. La Habana: Orígenes.

— (ed.) (1960): *Antología de la novela cubana*. La Habana: Dirección General de Cultura / Ministerio de Educación.

— (1969): «Tres poemas». En *Exilio. Revista de Humanidades* 3 (2): 14-16.

— (1972): *Ritmos acribillados*. New York: Ex publico.

— (1977): *Rostros del reverso*. Caracas: Monte Ávila.

— (1991): *Poemas para la penúltima vez. 1948-1989*. Miami: Saeta Ediciones.

— (2005): *El oficio de perder*. Sevilla: Espuela de Plata.

— (2007): *Los años de Orígenes*. Buenos Aires: Bajo La Luna, 2007, pp. 9-25.

Guerrero, Gustavo (2010): «Una posteridad disputada». En *Diario de Cuba* 27 de diciembre: <http://www.diariodecuba.com/cultura/1293211681_2059.html>.

Lezama Lima, José (1948): «Un libro de Lorenzo García Vega». En *Orígenes* 17: 43-46.

— (1998): *Cartas a Eloísa y otra correspondencia*. Madrid: Verbum.

Parajón, Mario (1972): «Prólogo». En García Vega, Lorenzo: *Ritmos acribillados*. New York: Ex publico, 27-28.

Paz, Octavio (1994): Obras completas I. La casa de la presencia. Poesía e historia. Ciudad de México: Fondo de Cultura Económica.

Ponte, Antonio José (2002): *El libro perdido de los origenistas*. Ciudad de México: Aldus.

Rojas, Rafael (2008): *Motivos de Anteo. Patria y nación en la historia intelectual de Cuba*. Madrid: Colibrí.

Salgado, César A. (2004): «Orígenes ante el cincuentenario de la República». En Birkenmaier, Anke & González Echevarría, Roberto: *Cuba: un siglo de literatura (1902-2002)*. Madrid: Colibrí, 165-189.

Vitier, Cintio (1948): *Diez poetas cubanos. 1937-1947*. La Habana: Orígenes.

— (1952): *Cincuenta años de poesía cubana (1902-1952)*. La Habana: Dirección de Cultura del Ministerio de Educación.

Entrevistas

Me dirijo a un lector que todavía no existe

Carlos Espinosa Domínguez

Cuando empezó a escribir en la juventud, ¿tenía conciencia de que quería ser escritor[1]?

Creo que tuve conciencia de querer ser un escritor desde poco después de haber nacido. Quizá explicar esto tenga relación con la teosofía: vine con un karma literatoso, y ya desde chiquito tuve noticias de él. Por eso, aunque tirándolo a coña, en cierta ocasión dije que, ya en la cuna, yo me leía los números de la *Revista de Avance* que por aquel tiempo salía. Además, es que yo nací en Jagüey Grande, y Jagüey tenía una calle por donde pasaban las carretas que iban para el Central Australia. Y esto fue en 1926, en 1926 fue cuando nací. Y en ese año Agustín Acosta, que era el notario del pueblo (como tú sabes yo, siempre, también me he considerado como un notario) y que vivía frente a esa calle por donde pasaban las carretas, escribió su *Zafra*, el poema que le dio fama hasta de revolucionario.

Es que… no sé… al igual que Borges que dijo que para ser poeta había que haber nacido en Buenos Aires, yo he traducido la frase del argentino hasta llegar a convencerme de que por la década del treinta (la década de mi infancia) sólo se necesitaba, para ser poeta, el haber nacido en ese Jagüey Grande, donde, según el notario Acosta (y esto también explica mi vanguardismo nato), «en el sobre de la noche, la luna estampaba su sello».

O sea, para aclararte las cosas, pues a mí siempre me gusta aclarar las cosas, voy a repetirte lo que acabo de decir, pues a mí me encanta

---

[1] Esta entrevista se publicó originalmente en la revista *Encuentro de la cultura cubana* 21/22, verano/otoño de 2001.

repetirme (y esto de repetirme ha sido el peligro que, si no hubiese sido por mi brillante inteligencia —esa brillante inteligencia mía que tantos riesgos me ha hecho sortear—, me hubiese conducido a ser un escritor tan aburrido como esos «bombines de mármol» cubanos a que tantas veces me he referido, y a los que nunca dejaré de referirme, ya que no hay que olvidar a los bombines patrios, según parece): yo, tanto por dotes teosóficas como por haber nacido en un pueblo literatoso, donde hasta había, por voluntad de su notario, una luna vanguardista, no pude menos que contestar a todos aquellos excepcionales estímulos sino adquiriendo desde mis tempranos años la tremenda responsabilidad histórica de ser un escritor en un país donde no se le pedía responsabilidad a nadie, y mucho menos a un escritor, el ser menos leído del mundo (pues en Cuba, como tú sabes, se era escritor por nacer con vocación de no ser leído —o sea, por una vocación de escritor no-escritor, a la manera de ese Macedonio Fernández a quien tanto admiro).

Tomando en cuenta que ya sus primeros libros fueron acogidos con una total indiferencia, ¿cuáles fueron los estímulos que lo animaron a seguir escribiendo?

Esto pudiera ser una pregunta difícil, una pregunta de los cincuenta millones, si se la formulara a un escritor de desenvolvimiento normal, pero como, al contrario, no he tenido un desenvolvimiento normal (y, por supuesto, no me enorgullezco de esto, sino al contrario, lo lamento y siempre lo he lamentado), para mí responder a tu pregunta es lo más fácil que pueda haber. Pues bien, volviendo a aclararte las cosas, te diré que, al saber desde un principio que yo pertenecía a un país donde el escritor era el ser menos leído del mundo, no tuve ningún problema en asumir esa vocación de escritor no-escritor de la cual ya te empecé a hablar en el epígrafe anterior. Sí, en efecto, yo, cuando llegué ya a los veinte años, supe que tenía que arreglar mi vida para afrontar un destino de escritor no-leído, y créeme, Carlos, a pesar de que me quejo (¡y como no me iba a quejar!, sería un idiota si no lo hubiera hecho), aquello no dejó de ser lindo. Pues me hice abogado para no ser abogado, estudié filosofía y letras para no ser profesor (y cómo iba a ser profesor, si no tenía palanca, y en Cuba, si no se tenía palanca, era igual que si no existieras), preparé mi vida para ser un inútil que se conformaría con un puestecito en un ministerio, y así sucesivamente. Pero eso sí, saber que tenía el oficio del ninguneado en estado puro me entregó una fuerza que nunca me ha fallado (y esto pese a que en mi juventud, como ya he contado en *Los años de Orígenes*, y conté en mis memorias que estoy por publicar, y seguiré contando si alguien me lo pregunta, estuve al borde del electro, y si no acudí a él, fue porque desobedecí el consejo de mi psiquiatra), la fuerza que solo puede trasmitir mi oficio de perder.

Así que entonces no necesité de estímulos para seguir escribiendo. O quizá, sofisticando un poco la respuesta, pudiera decirte que no tuve necesidad de estímulos para seguir escribiendo como escritor, porque esto, paradójicamente, me entregó los estímulos para ser un escritor no-escritor, un escritor para no ser leído. Y, repito –siempre repito–, fue lindo.

Lindo porque, entre otras cosas, tuve el privilegio de estar acompañado por los escritores de Orígenes, por los pintores de Orígenes y por la ética de un grupo que, en un momento sombrío y difícil de la vida cubana, supo y pudo jugar, frente a la espantosa seriedad de los bombines de mármol que siempre nos han acompañado en su detestable oficio de patricios o de héroes. Pues hubo un juego (siempre he creído que, aunque los héroes son detestables, si tuviéramos que adoptar alguno, Capablanca debía ser ese héroe), y eso hizo que, en un lugar de relajo, pudiera haber un grupo que fue serio.

En los últimos años se muestra usted renuente a hablar sobre su relación con el Grupo Orígenes, del cual es el miembro más joven. Prefiere, según sus palabras, «ponerle un trapo gris a Lezama y los origenistas, tal como se hace con las figuras sagradas en el Viernes Santo, para que todo aquello, hiperbólico e hipostasiante, quede cubierto». Me va a disculpar que lo obligue a romper ese voto de silencio y le haga unas pocas pero inevitables preguntas sobre ese asunto. ¿Por qué no quiere referirse a aquel período de su historia literaria?

Porque no se trata de ningún período de mi historia literaria, sino de un pedazo de mi vida que todavía está ahí, frente a mí, con sus fantasmas. Y eso, querido Carlos, parece que no lo entienden los muchachos de la farándula oficial. Mira, te voy a poner un ejemplo para aclararte lo que quiero decir. Ya cuando estaba escribiendo *Los años de Orígenes*, en mi casa de Nueva York, recibí la visita de un joven que me parece que era... (el que sabe no sólo la nacionalidad, sino también el nombre, la graduación académica y la ilustre universidad donde estaba haciendo su tesis de grado aquel joven, es el compañero Ponte, quien lo cita en la conferencia que dio sobre *Los años de Orígenes*), y quien llegó provisto de grabadora, seriedad profesoral, interrogatorio de muchacho entendido en posmodernismo profesoral, y todo lo que te puedas imaginar que conlleva el insoportable andamiaje académico. Pues bien, el joven académico (joven que parecía inteligente, pero con esa inteligencia prefabricada de maniquí forrado para hacer horribles tesis de grado) al instante que se sentó en la sala encendió su grabadora y, con un automatismo de robot sintagmático (he dicho robot sintagmático, pero ¿qué será, en última instancia, un robot sintagmático?), comenzó su interrogatorio de frías e «inteligentes» preguntas estereotipadas. Yo, que como ya te he estado explicando soy, y no he dejado de ser nunca, un escritor no-escritor, me quedé alelado frente a ese inteligente muchacho, experto en frialdad profesoral, por lo que, como es costumbre en mí, de inmediato acudí (como acudía Popeye a la lata de espinacas) a mi reserva de scotch, y después de ofrecerle un trago al aspirante a profesor (quien, por supuesto, no solo se negó a tomar, sino que creo ya empezó a no gustarle la cosa) me serví un buen trago (¿fue un solo trago?), tal como acostumbraba en esa época, en que raramente abandonaba la botella (ya te he dicho que estaba escribiendo *Los años...*).

Pues bien, entiende bien la situación porque esto puede responderte bien a la pregunta que me has hecho: era por la tarde, creo que era en pleno invierno, y yo, que en aquel tiempo no solo estaba absolutamente jodido, sino también absolutamente alcoholizado, me abandoné a mi automatismo interior (cosa que raramente hago, pero que cuando lo hago, lo puedo llevar hasta el final), y sin tener en cuenta que tenía frente a mí a ese espécimen de frialdad que es el aspirante a vivir en el mundo académico, me lancé a responder a sus preguntas tal como si tuviera frente a mí a un ser humano. ¿Comprendes la situación? Se trató del enfrentamiento de un pobre diablo profesoral, aspirante a asistir a todos los congresos en que se hable de cosas tan idiotas como el porvenir de la novela hispanoamericana, o sobre los enanos levitantes del realismo mágico, o sobre el drama de la mujer en Isabel Allende, u otras sandeces por el estilo, con un ser humano. Así como también se trató –y esto es lo que le pone la tapa al pomo– del enfrentamiento de un no-escritor, pero no-escritor que se había formado en el Curso Délfico de que habló Lezama (fui el que recibió durante dos años, de manera exhaustiva y con rigor implacable, la orientación y las lecturas dirigidas del Maestro, tal como él lo señaló al hablar sobre el Curso Délfico), con un oficialista de la cultura que, por su condición de tal, pocas veces se encontrará con una persona seria. Fue esto demasiado para el muchacho profesoral, por lo que después de la conversación conmigo (una de las conversaciones más interesantes que he sostenido sobre lo que entonces estaba escribiendo en *Los años de Orígenes*) escribió él (no sé si fue en su tesis de grado o en otro papelucho profesoral, esto lo sabe Ponte) que mis respuestas a sus sesudas preguntas no le habían servido de nada, pues yo sólo contestaba con chismes intrascendentes.

Pues bien, me he extendido tanto en esta anécdota porque es como un símbolo de la suerte que en el mundo académico han corrido *Los años de Orígenes*. Pues yo no escribí un texto de historia literaria sobre un período de ella en que yo hubiese participado. Yo lo que escribí fue un testimonio sobre mi vida. Un testimonio que debería de haber sido respetado por la seriedad y el patetismo que contiene. No quiero, por lo tanto, continuar explicando lo que sé que siempre va a caer en las orejas profesorales de un sujeto insensible, como aquel que hace años me visitó en Nueva York. Yo para esa gente no quiero explicaciones. Que sigan ellos con sus congresos y sus sabias ponencias. No quiero que me caguen mi testimonio con ninguna explicación de tesis de grado.

Y en cuanto a otros que no eran profesores, pero que estaban obligados a tratar de entenderme (recuerdo que Severo Sarduy le dijo a Octavio Armand: «Lorenzo no ha entendido nada». Pero, ¿quién se podría poner bravo con aquel exquisito maestro del rococó que fue Severo? Todo lo que él dijo era bonito), yo no voy a utilizar estas generosas páginas de homenaje que me ha ofrecido esta revista para volver al ataque con los muchachos de Orígenes. Y el que quiera abundar más en las razones por las que me quiero alejar de todo aquello, que acuda a ese catecismo del origenismo que ha escrito Fina García Marruz y que se titula *La familia de Orígenes*. El que lea ese pequeño texto podrá entender por qué, ante el testimonio-disfraz, producto de varios años de fingirse «revolucionario», o lo que sea, la única actitud posible es salir corriendo, así como tratar de hablar de esa isla in(de)finita («La isla in(de)finita» es cómo los jóvenes de la isla, entre carcajadas pantagruélicas, se refieren a la revista de la cultura oficial que Cintio, Fina, y creo que su nieto, actualmente dirigen) lo menos posible.

La segunda pregunta tiene que ver con Los años de Orígenes, *un libro que como ha apuntado Antonio José Ponte, pertenece a esa categoría de obras porfiadamente negadoras que nuestra literatura tanto necesita. Sobre* Los años de Orígenes *quiero preguntarle concretamente cuál fue la intención que lo llevó a escribir un libro tan desgarrado, controversial y apasionado.*

Bien, yo no estaba apto para salir de Cuba. Yo viví en aquella isla como un proustiano que estuviera dentro de un pulmón de hierro, dedicado a escribir libros que nadie iba a leer. Era, y todavía lo soy (y esto pese a mis recientes años en el oficio de *bag boy*), un hombre patológicamente inepto para la lucha por la vida. Quería, sí, salir de Cuba. Uno de mis grandes deseos siempre fue poder adquirir un puesto diplomático, y poder vivir fuera de aquello que nunca me gustó y adonde nunca me sentí bien, pero, repito –siempre repito–, mis condiciones psíquicas no me permitían romper las amarras y abrirme hacia otros horizontes (nunca olvidaré –había un color como de oro viejo en el cielo– la tarde en que, por fin, abandoné el país ya para siempre, y la alegría que esto me produjo fue muy grande, pero lamentablemente ya tenía cuarenta años y, lo que es peor, estaba pobremente equipado para vérmelas fuera de las condiciones de mínima seguridad que me había ofrecido el lugar de la fiesta innombrable), por lo que, al llegar a Nueva York y enfrentarme con lo nuevo, no tuve sino la fuerza necesaria para mantenerme como el hombre con un oficio de perder, pero no pude más. Fue un derrumbe demasiado grande el que tuve que afrontar: el hundimiento de la Atlántida. Pues no sólo había roto las amarras con mi país, sino que mi pasado, mi mundo familiar y ese mundo en que me había formado intelectualmente y, sobre todo, imaginativamente, el mundo de Orígenes, se me vino abajo. Ya en los últimos años en que había estado en Cuba, todo eso se había empezado a rajar, de tal manera que las ocupatio, mundos órficos, ethos y areteia, y todo ese sinfín de tópicos que me habían alimentado en la imagen, se me convirtieron en lo que realmente eran: una retórica del ocultamiento, esa retórica del ocultamiento que mostré en *Los años de Orígenes*.

Estuve, entonces, varios años bajo tratamiento, los años en que con un miserable sueldo me pagué, como pude, un psiquiatra. Y tuve la enorme esperanza de que iba a poder salir de las condiciones, bajo amenaza de electro y férrea neurosis, en que siempre había vivido. Pero, desgraciadamente, mi tratamiento no prosperó. No pude salir de mis amarras, terminé en el alcoholismo (y me estoy viendo, por encima del hombro, escucho lo que estoy diciendo, y veo que voy hasta teniendo cierta facilidad para la telenovela), no pude seguir el tratamiento, y al final encontré, como siempre me ha sucedido en mi vida, que lo que me esperaba era el cumplimiento de mi oficio de perder, lo único conque siempre he contado. Me senté, entonces, frente a una máquina de escribir, y teniendo como única compañía a Marta, y a Octavio Armand, quien venía todos los días a las tres de la tarde para tomar el café y oír lo que yo iba leyendo, me metí en ese autoanálisis, residuo de un tratamiento que fracasó. Así terminé los *Rostros del reverso* y así escribí *Los años de Orígenes*.

¿Me sentí bien después de haber escrito el libro? No creo que me sintiera ni bien ni mal. Me sentí como turulato. Conseguí publicar el libro en Venezuela. No supe más de él y, pasado algunos años, ya en la Playa Albina y convertido en ese Doctor Fantasma que es mi heterónimo más fiel, me enteré, a través de una amiga venezolana que visitó Monte Ávila para ver qué había pasado con los ejemplares (yo creí que los habían perdido), que la edición se había agotado. Así que obtuve, pues, una victoria pírrica, tal como le correspondía a un hombre del oficio de perder. Gané la batalla, pero fue como si no hubiera ganado nada, permanecí siendo, y ya creo que terminaré así, como una joven promesa que nunca se resolverá. Espero que mis nietos logren publicar mis memorias.

Una última pregunta y ya lo dejo tranquilo en cuanto a Orígenes. No he encontrado muchas referencias suyas a Virgilio Piñera, ese otro heterodoxo del origenismo ñoño. ¿Trató a Piñera? ¿Qué recuerdos guarda de él?

A Virgilio Piñera sólo lo vi dos veces: de lejos, la noche en que fui al estreno de su *Electra Garrigó*; y de cerca, después de que llegó el castrato, cuando me lo presentaron y crucé unas pocas palabras con él. Sobre Virgilio hay todavía bastante que decir. Yo me temo que él es una figura que, por desgracia, siempre ha sido vista estereotipadamente por los demás. Me temo que los muchachos que lo acompañaron en Ciclón, y que después lo llevaron a Lunes de revolución, pese a su aparente admiración, siempre lo vieron demasiado pintorescamente (y sobre esto me ha hablado de manera muy inteligente Fernando Palenzuela, quien fue un testigo de aquel momento): tan pintorescamente que, a veces, su homosexualismo era cubierto como con la túnica de un payaso (claro, vuelvo a decir, todo esto con un aparente respeto). Y vuelvo a temer que, actualmente, los jóvenes de este momento le están poniendo a Virgilio, un poco precipitadamente, la armadura del antihéroe de Orígenes (y ¿qué necesidad hay de seguir con el juego de no y sí, de anversos y reversos, que en el fondo no sólo no aclaran nada, sino que vienen a ser la misma cosa?).

Acabo de decir que las antítesis no aclaran nada. Pues sospecho que Virgilio, por ser un reverso de Espuela de Plata y de Orígenes, participaba de las características de aquello que, a veces de una manera infantil y narcisista, combatía. Pues quisiera señalar que Piñera tenía conciencia de los límites, pero que esto sólo le servía para exacerbar esos límites, no para superarlos (y aquí recuerdo que José Bianco, que consideraba a Virgilio como un cuentista barroco, definió así la característica de este tipo de narrador: «En suma, llega a la desfiguración o a la transfiguración, como quiera llamársele, es decir hasta el umbral de su propia caricatura, pero no la franquea». Es decir, lo que dice Bianco sobre el cuentista barroco bien puede aplicársele a Virgilio, ya que éste parece como si, al tocar «el umbral de su propia caricatura», quedase convertido en un virtuoso que estuviera seducido por las formas del teatro del absurdo, o de la anarquía a lo Beckett, o del existencialismo). Y en esto advierto su cercanía con Lezama, pues éste también jugaba, exacerbaba, y metía bajo la carpa todas las cosas que pudiera, pero eso sí, siempre dentro de los límites comprendidos por la muralla de la gran ciudad barroca.

¿Puedo aclarar más lo que estoy intentando decir? Bien, me parece que puede afirmarse que Lezama sublima e idolatra el límite (es decir, finge con su idolatría que éste no existe), mientras que Virgilio, al contrario, patalea contra él. Pero si nos acercamos más, podemos sospechar que ambos comparten la idolatría de las formas, ya que Piñera acaba por convertir en objeto de adoración a ese fetiche literario que es esa muralla kafkiana contra la cual, muy estéticamente, se regodeaba dándose de cabezazos literarios contra ella (o sea, que quizá Virgilio, encerrándose en un círculo vicioso, fue al mismo tiempo Acteón y los perros).

Sí, efectivamente, sobre Virgilio hay bastante que decir. Volver sobre su relación con su circunstancia literaria cubana, y también recordar que el precitado José Bianco, comparándolo con Carpentier y Lezama, dijo: «Virgilio Piñera no es menos barroco que sus dos compatriotas». Una relación con la circunstancia de su momento que también lo acerca hasta a los prejuicios de los origenistas, pues de la misma manera que Fina García Marruz ha dicho: «Freud nos aburría», encontramos a Virgilio diciendo, en uno de sus cuentos: «Un espíritu vulgar o muy psicoanalista habría determinado que...» ¡Una rara comparación, por cierto!

Y, por último, hay algo que se encuentra en *Aire frío*, la pieza autobiográfica de Virgilio, y que creo sería un punto digno de estudio: y es que en esa obra, tan centrada en las horribles circunstancias de un momento cubano, cuando se hace referencia a Fulgencio Batista se le designa como «el mulato». ¡Fíjate! No se le dice el tirano, ni el ladrón, ni ningún otro vejamen, sino que, como el mayor insulto, se le dice «el mulato». ¿No es para que los críticos se acercaran a eso? ¿Cómo podría ser un estudio donde se comparara «el tapujo» de *Paradiso* —esa parafernalia de «la grandeza de una familia venida a menos»— con esa otra familia de paupérrima burguesía, provinciana pero blanca, a la que pertenecía Virgilio y en donde el mayor insulto consistiría en ser mulato? ¿Habrá alguien que le meta el diente a eso? Me temo que el cubano sigue mirando para el otro lado, cuando se tocan ciertos temas.

¿A quiénes reconoce usted como sus antecesores literarios, aquellos autores de los que más ha aprendido?

Bueno, Carlos, yo creo que tu pregunta más bien la voy a formular así: ¿de qué manera has arreglado tu potaje literario? Y mi respuesta es: enredándolo como pueda, hasta ver cómo me puedo construir un buen laberinto. Fíjate, la cosa es, como lo son todas las cosas mías, de una claridad meridiana. Desde mi comienzo tuve en cuenta lo dicho por Rubén Darío: «*Qui pourrais-je imiter pour être originel?*», me decía yo. Pues a todos. De cada cual aprendía lo que me agradaba, lo que cuadraba a mi sed de novedad y a mi delirio de arte; los elementos constituirán después un medio de manifestación individual. El caso es que resulte «original».

Pues bien –y «guardando las distancias», como se decía en Cuba–, yo también, al seguir el consejo de Darío, he resultado original. Partiendo de los surrealistas (pues mi tuétano último es el surrealismo, y esto de tal modo que, aunque me formé con el Curso Délfico de Lezama, yo siempre sentí que lo mejor que tenía el Maestro –quien, desde la primera noche que habló conmigo me mostró una jugada ejemplar, a lo Capablanca, cuando después de una carcajada me dijo: «Siempre ten en cuenta que el poeta es un farsante»– era su inmenso disparate surrealista, ese disparate que lo llevó a interpretar al truhán de Colón como un Profeta, y a jugar –en pleno delirio– con esa «seda de caballo» de una india hasta intentar hacernos creer, en el colmo de la locura, que ahí podían estar los fundamentos de la nacionalidad cubana), siempre me he estado haciendo de un collage de influencias en las que Macedonio Fernández, Raymond Roussel, Juan Emar, el *Ferdydurke* de Gombrowicz y Pessoa son los ancianos de esa tribu mía donde hay hasta una calle que lleva el nombre del venezolano Ramos Sucre. Collage de influencias, pues, que se inició con *Los cantos de Maldoror* (recuerdo que el Maestro, al entregarme el texto de Lautréamont, me dijo: «Por aquí hay que empezar. Esto es el comienzo de todo») en aquel único Curso Délfico que llegó a dar Lezama, y del cual yo fui el único discípulo. Un discípulo que sí, sobre todo, aprendió de aquel caballito de batalla de Lezama que consistía en considerar que «sólo lo difícil es estimulante», por lo que, fiel a esto, lo tradujo en un meterme durante años por cuanto berenjenal bendito de oscuridades, toques de piano aprendidos de oídas y cuantos atajos laberínticos se me presentaron, y esto hasta el punto de que, ya en los años del castrato, me resultó una anécdota muy graciosa con esto que pudiéramos llamar mis aventuras de estilo. Y fue que, habiendo publicado una *Antología de la novela cubana*, donde me puse a experimentar, temerariamente, con una crítica basada en la manipulación de las más difíciles imágenes, se le ocurrió a Lezama que lo acompañara a la Casa de las Américas para entregarle un ejemplar de mi antología al mal airado escritor argentino Ezequiel Martínez Estrada, quien aunque dio las gracias por el regalo, recibió el ejemplar con cara de malos amigos. Pues bien, al día siguiente del regalo, cuando nos enteramos de que, días antes, el Martínez Estrada había tronado y despotricado, en la susodicha Casa de las Américas, sobre lo que él estimaba que era una antología disparatada y mal escrita, Lezama se quedó un poco como desconcertado al ver que su discípulo del Curso Délfico había tenido tan catastrófica acogida por parte del genial escritor argentino. Pero ahora que contemplo aquel sucedido con la sabiduría que me entregan los años, pienso que el genio argentino, al negarse a entrar por el laberinto que por aquel tiempo yo (aunque infructuosamente, eso sí lo reconozco) estaba intentando, se privó de llegar a conocer a alguien que era mucho más inteligente de lo que él podía pensar. ¡Se la perdió!

En su caso también hay que hablar de la huella del cine, la arquitectura, las artes plásticas e incluso la música más inconfundiblemente de vanguardia. ¿Admite esas influencias?

Lo admito todo, y sobre todo esas cajitas de Cornell que cada vez se me han ido convirtiendo más y más en mi obsesión. Convertirlo todo en aquello que se pueda meter dentro de una cajita es lo que más deseo. En cuanto a la huella del cine, tengo que volver a la evocación de Jagüey Grande. Pues en ese pueblo yo no sólo fui vanguardista, desde mis primeros años, gracias a que en la cuna me leí la Revista de Avance, sino también porque desde los primeros meses de nacido me llevaron al Cine Mendía, el cine entonces silente del pueblo donde echaban las películas de Tom Mix.

Después, en mi juventud y cuando estaba recibiendo el Curso Délfico, pude darme cuenta de que un caballo del cual hablaba Jules Supervielle, diciendo que se había salido de la pantalla para entrar en la sala de espectadores y cagar allí lo que, analizado, resultó ser estiércol metafísico, eran el mismo caballo y el mismo estiércol que, al conocerlo yo, desde temprano, en el Cine Medía, muy precozmente me convirtió en un niño vanguardista.

Y de la música, amigo Carlos, ¿qué puedo decirte? Ese Cage que siempre me lleva a las cajitas, y esas cajitas que siempre me llevan a Cage.

Nunca olvido a Cage. Y es que este músico hasta me mantiene en mi anacrónico vanguardismo hispanoamericano (pues un aire anacrónico hay, sin duda, en el vanguardismo hispanoamericano, pero esto, por un problema genético, me mantiene indisolublemente unido a él) y, por lo tanto, me mantiene también cercano al creacionismo, ya que no olvido lo que muy certeramente ha observado el crítico venezolano Guillermo Sucre: Cage se ha ceñido siempre a una estética muy parecida a la de Huidobro, incluso en la manera de formularla, cuyo principio central resume en esta frase del pintor Rauschenberg, que cita en *Silence*: «Art is the imitation of nature in her manner of operation».

Y a propósito, ¿nunca lo han tentado otras artes?

Sí, siempre hubiera querido ser un actor dramático. No haber podido entrar en la farándula ha sido una de mis mayores frustraciones, pero me era imposible ser actor tanto por la horrible neurosis obsesiva que he padecido toda mi vida, como por la cerrazón en que me metieron los jodidos jesuitas, en cuyo espantoso colegio tuve la salación de caer desde 1936, mi año cabalístico. Recuerdo cómo en mis años universitarios muchas veces pasé frente a la escuela de artes dramáticas con el deseo de entrar allí. Pero ¿cómo lo iba a poder hacer? Tenía demasiado peso arriba (¡ay, los malditos ejercicios espirituales!) para poder ser el actor para el cual yo creo que tenía cierta vocación.

Y ahora, ¿podría intentarlo? Bueno, si lograra ser un actor ahora, y como sólo me gustan los papeles dramáticos, quizá solo podría representar al Rey Lear. Pero no me gustan los papeles de viejo. Ya, como en tantas cosas, es demasiado tarde. Lo mejor que hago es esperar a que salga publicado *El oficio de perder*, si es que a alguien, después de mi controversial *Los años de Orígenes*, se le ocurre publicarlo. Pero no hay que apurarse, siempre queda la reencarnación.

Usted ha declarado en más de una ocasión que no se considera un poeta, y ha citado en ese sentido a Mallarmé: «Ser poeta no ha sido nunca mi objetivo; ni hacer versos la acción principal o el objetivo de mi destino». Tampoco se considera un narrador. ¿Cómo quiere que se le considere entonces?

No hay duda: como un notario. «Nosotros tenemos que ser los notarios de esta flora estúpida», recuerdo que me dijo Enrique Labrador Ruiz, en la mañana de un café de La Habana Vieja, llena de políticos, periodistas y truhanes. Y esto que él me dijo no lo he olvidado nunca. También, advierte lo que ya te dije sobre mi infancia y mi recuerdo del notario de Jagüey, Agustín Acosta, con su verso vanguardista sobre la noche. Pues bien, Agustín siempre estuvo sobre el coturno del Poeta con mayúscula, pero yo me quedé pensando en su oficio de notario en aquel pueblo donde el diablo dio las tres voces, y creo que aquí, en esta Playa Albina, donde sigue el mismo diablo, me he mantenido fiel a esa vocación.

En uno de sus textos habla de un miedo que en ciertas noches le asalta: el miedo de no ser más que el autor de textos ininteligibles. ¿No piensa que la radicalidad de sus textos contribuye a ello? O en todo caso, ¿a qué tipo de lector se dirige cuando escribe?

Me dirijo a un lector que todavía no existe, y al cual yo tengo que contribuir a crear, en lo que pueda: el lector albino. O sea, algo así como un lector que ya vive en un paisaje extraño y que, por saberse como tal, no busca ya ninguna imposible raíz, ni ninguna imposible vuelta a una Ítaca inexistente, sino que acepta su desarraigo como rizoma al que hay que recorrer y recorrer. Y esto aunque la cosa sólo consista en dar vueltas y vueltas alrededor de un solar yermo donde está tirada una colchoneta vieja. Y es que, frente a ese miedo del que efectivamente hablo, quizá la única divisa que puedo encontrar es aquella expresión de Vallejo: «Absurdo, sólo tú eres puro».

Tiene terminadas ya sus memorias. ¿Por qué el título de El oficio de perder *con que las ha bautizado?*

Pues creo que basta leer esta entrevista para que un lector (claro, se da por supuesto que no sea un lector de ficheros, ni de grabadoras posmodernistas, como el que escribió que yo sólo contaba chismes) se dé cuenta, sin ninguna explicación posterior, que mi oficio solo ha podido ser un oficio de perder.

Una pregunta más y terminamos. Aunque a usted lo ponen nervioso los homenajes y no sabe qué hacer cuando alguien elogia sus escribanías, ¿cómo recibe el interés con que en los últimos años escritores jóvenes de Cuba, Santo Domingo, Venezuela y Argentina se están acercando a su obra?

Con la alegría de saberme siempre, entre ellos, como aquel que, aunque viejo, sabe que ya no va a terminar con un bombín de mármol colocado sobre su cabeza.

Confesiones del reverso

Pablo de Cuba Soria

Para las dos últimas generaciones de escritores cubanos, Lorenzo García Vega ha devenido una de las figuras más atractivas, tanto por su mirada crítica y corrosiva sobre la «República de las Letras cubanas», como por su singular idea del hecho literario en sí. Su escritura está construida desde un barroco atípico, para nada exuberante, sostenido en una narratividad (aunque con matices líricos) que jamás logra alcanzar lo que promete narrar. Del mismo modo en que García Vega se llamó un «escritor no-escritor», podría decirse que su literatura de un anti-barroco barroco, o anti-barroco barroquizante. Barroco de desmontaje, de palíndromos, o para decirlo de otro modo, un barroco que nunca llega a operar en tanto tal, debido a que no hay unión/conjugación posible de los elementos formales y temáticos que lo componen. Su escritura está en las antípodas del aluvión verbal lezamiano que pretendió trasmutar y abarcar el todo –barroco explosivo (Lezama) vs. barroco implosivo/barroco vanguardista (García Vega)–, o como el mismo Lorenzo dijo en la entrevista[1] que transcribimos a continuación: «me obsede dar con el hacha para quedar en la seca estructura, en el hueso último». La obra de Lorenzo García Vega es el testimonio de una operatoria de escritura, de los andamios que la sostienen.

La entrevista está hecha en dos compases, el primero data de mediados del 2006 (a propósito de un número homenaje que en Miami el periódico *El Nuevo Herald* le dedicara), y el segundo se llevó a cabo

---

[1] Tal y como la reproducimos acá se publicó en *Hispanic Poetry Review* 10 (2) de 2015, bajo el título «Entrevista a Lorenzo García Vega».

entre finales de 2010 (fecha en la que García Vega visitó Texas A&M University como invitado de honor, en el marco de un congreso de estudiantes graduados) y las primeras semanas de 2012.

I (2006)

García Vega, comencemos por los últimos acontecimientos que, de muchas maneras, se conectan con su inicio existencial en la provincia cubana de Jagüey Grande. Se acaban de publicar tanto en México como en España sus memorias, El oficio de perder; *¿qué representa este libro para usted a sus setenta y ocho, después de una vasta obra que data desde el ya lejano 1946 cuando publicara en Cuba el poemario* Suite para la espera?

Representa una iniciación que comenzó cuando, al ponerme el uniforme de *bag boy* para trabajar en Publix, terminé, como única alternativa, convertido en escritor de autobiografía. Pero..., te he respondido inmediatamente y..., resulta que me está entrando miedo. ¡Miedo! Ya que empiezo a mirar para otra parte, no vaya a ser que me encuentre con los fantasmas. Pues fíjate en lo que empecé diciéndote, Pablo: iniciación. Pero ¿cómo he podido decirte esto? ¿Pues qué clase de iniciación puede pretender un viejo *bag boy* que acaba escribiendo una autobiografía? ¿No será que me estoy soñando la muerte? No sé qué contestar. Después de esta autobiografía que acabo de publicar, me parece que me están sucediendo cosas raras. No sé, quizá tendría que verme con algunos teósofos, a ver qué cosa me podrían decir.

Después de El oficio de perder *ha publicado* Papeles sin ángel, *un raro libro difícil de encasillar, por suerte, en género alguno. Háblenos un poco de este libro sostenido en una rara escritura.*

Papeles sin ángel, son, o creo que son, minicuentos: un anticipo de otros mini, *Cuerdas para Aleister*, que acaba de publicar la editorial tsétsé de Buenos Aires. ¿Soy difícil de encasillar? Quizás, te confieso que no me gustan los géneros —a mí, por ejemplo, los poemas poemas, los poemas pertenecientes al género poema, me molestan con su ruido como de zapatos de charol recién estrenados—. Pero, por supuesto, esto que te acabo de decir, y que puede parecer una greguería, es un prejuicio. Nosotros, los viejos, y más cuando somos viejos que nunca supimos fabricar bien un poema, estamos llenos de prejuicios. Pero, para hacerte el cuento corto, creo que me están gustando los minicuentos, ese género que parece que se ha puesto de moda. Y es que a mí me gusta caer sobre las modas como antes, en mi infancia, caía sobre los juguetes: dispuesto –hachita en mano– a romperlos, a ver lo que tenían dentro.

Usted habla de «poemas poemas» y me surge la siguiente pregunta: Dentro de toda su obra, el único libro que podría llamarse de poemas es Suite para la espera, *que publicó por 1946. Pasado más de medio siglo, ¿qué experimenta al abrir las páginas y pasar la vista por los versos de* Suite?

Pero ¿es que ha pasado medio siglo? ¿Cómo, Pablo, se te ocurre decir eso? Pero…, como lo has dicho, ya no tiene remedio. Vamos, entonces, a servirnos otro vaso de scotch. El scotch, siempre lo he sabido, es la más segura vía para hablar sobre temas literarios. Pues bien, hace medio siglo que escribí *Suite*, y ahora, con mis 78 años, no me arrepiento. Es más, y te voy a hablar bajito para que nadie lo oiga: en esa *Suite* está (vanidoso que soy) la mejor escritura automática que se ha escrito en Cuba. Una escritura automática que ahora, incluida en *Un nuevo continente. Antología del surrealismo en la poesía de nuestra América*, el texto antológico que el brasileño Floriano Martin acaba de publicar, le veo la frescura y fuerza con que la escribí, la frescura de hace medio siglo que no ha perdido. Pero, vamos a dejar eso que te estoy diciendo, pues hay en el jardín un pájaro albino, y nunca está mal el ponerse a contemplar un pájaro albino, lo demás es literatura.

Dice usted algo tremendo: «un pájaro albino en un jardín»; y pienso enseguida en Playa Albina. ¿Qué es exactamente ese lugar donde en algunas ocasiones, como usted apunta en sus memorias, perdiera el sentido de la realidad?

¿Dije que aquí he perdido el sentido de la realidad? Sin embargo, no concibo al escritor no-escritor que me he inventado –uno siempre se inventa–, así como no concibo a ese heterónimo, el doctor Fantasma que por tantos años me ha acompañado, sin esta Playa Albina, el lugar donde de sopetón (llegué aquí alcoholizado, y con el buen propósito –propósito que, por supuesto, fracasó– de encargarme de una librería) encontré que mi pasado, mi manera de inventarme mi pasado, se había transformado en un Laberinto donde, pese a la confusión, a veces no dejaba de tocar fondo. Pero ¿fondo? Pero ¿de verdad, a veces, he tocado fondo? ¿O no es que todo este delirio que estoy diciendo sobre un pasado metamorfoseado en Laberinto, no es otra cosa que la alucinación que, por entre los canales de esta Playa Albina, me ha ido produciendo una musiquita. La musiquita de un carrito de helados. La musiquita que oí en mi infancia y que ahora, y que ahora en esta Playa Albina donde se pierde el sentido de la realidad, la vuelvo a oír, enredada con la visión de unos canales.

De su segunda obra, Espirales del cuje, *un libro que fuera premio nacional de literatura en la Cuba de 1952, recuerdo un pasaje donde se lee: «cuje de mis reminiscencias». ¿Todavía habitan a Lorenzo García Vega esas reminiscencias, ese Jagüey Grande de los finales de los años veinte y primera mitad de la década del treinta cubanos?*

¿Todavía habitan...? Sí, por supuesto, moriré enredado con reminiscencias y fantasmas. Es mi oficio de perder, o mi oficio de manipulador (manipulador manipulado) de fantasmas. Y, además, como muchas de mis reminiscencias están ancladas en los finales de los años veinte, también puedo decir que yo siempre estoy confundido con el manchón de sombras de las películas silentes que vi en el Cine Mendía, el Cine de Jagüey. Películas de Tom Mix y otros vaqueros de cine mudo que, para siempre, me marcaron con una como anacrónica (yo siempre he sido un vanguardista anacrónico) sensibilidad de mundo silente. Pero también las sombras silentes de las películas se me enredaron con el cubismo. Sí, con el cubismo. ¿Y cómo así? Muy sencillo, te lo voy a explicar. Leonardo Acosta, un pintor vanguardista, fue el que, en 1926, el año de mi nacimiento, metió en la portada de la *Zafra,* el libro que ese año publicó su hermano Agustín Acosta, una visión del Central Australia (el Central que quedaba cerca de Jagüey, y donde yo me pasaba largas temporadas, ya que ahí vivía la familia de mi padre) cubista, y con estructura a lo Fernand Leger. Por lo que resultó entonces que como yo, niño inteligentísimo, y de una precocidad suficiente para anonadar a cualquiera, me di cuenta de lo que enseñaba la portada de Acosta, pude entonces criarme, diríamos, alimentando mi mirada con la visión de un Central cubista. ¿Te das cuenta de esa cosa tan linda? Yo, entre tantas cosas bonitas de mi infancia, tuve no sólo el privilegio de tener la visión de un Central cubista, sino que también, desde esa temprana edad, me convertí en un niño cubista. ¡Te imaginas! Yo, niño cubista frente a un Ingenio cubista, llegué a ver a los faroles que acompañaban a las carretas como si fueran «machetes de la sombra». Y visiones cubistas como esas, las recogí en mi libro *Espirales del cuje*. Fue muy lindo, repito, ser un cubista, y no me explico cómo puede haber gente tan tonta que puedan ver lo cubista como si fuera una cosa abstracta. ¿Abstracta?, yo me he jugado la vida con esa visión...

En no pocas ocasiones —tanto en su escritura como en otras entrevistas— usted ha señalado su manera de vivir como un «literatoso». Dos preguntas surgen entonces: ¿Qué significa (o es) una forma de vida literatosa? ¿Y cuáles creadores y obras la han sostenido?

¿Literatoso? Es el riesgo que conlleva el pertenecer a la farándula literaria. ¿Definir lo literatoso? Es la mezcla de lo loco que todos somos, con el delirio que conlleva esa vocación literaria que nos mete de cabeza dentro de las bibliotecas: acuérdate que Musil llamaba a las bibliotecas «manicomios de libros». Así que, parodiando a Darío bien se puede decir: ¿Quién que es no es literatoso? Pero, sobre todo, lo bueno de reconocer que uno es un literatoso es que esto nos vacuna contra la seriedad de los bombines. Pues es que, paradójicamente, el reconocer que se es literatoso, o sea, el no tomarse demasiado en serio, es lo que aquellos que somos, y siempre hemos sido serios, siempre hemos tomado en cuenta. Pues tú sabes que lo demás, lo serio, conduce a la política, y la política conduce a ponerse un bombín, y el bombín conduce a esa teleología insular que puede llevarnos a ser canchanchanes de caudillos...

Y la segunda pregunta... Me da pena decirte que no sé contestártela. ¿Creadores y obras que me han sostenido? Eso se ha integrado en un mundo, con su tiempo y sus dimensiones, el cual se ha concretado en leyes especiales, y al cual he ido metamorfoseando a través de mis sueños. No sé cómo explicarte. Mis lecturas, mis influencias, se han convertido en cristalitos de un kaleidoscopio interior. Mira, qué sé yo, ¿cómo explicarte? En un libro del argentino Ricardo Piglia titulado *El último lector*, éste nos habla sobre el acto de leer, y nos dice: «lo que podemos imaginar siempre existe, en otra escala, en otro tiempo, nítido y lejano, igual que en un sueño». Pues bien, yo no he podido dejar de fijarme en eso, y entonces me he puesto a pensar que, si, por ejemplo, en una tarde gris y lluviosa muevo los cristalitos del kaleidoscopio de mis lecturas, puedo llegar a tener ante mis ojos un paisaje diríamos de un autor polaco, diríamos de Bruno Schulz, pero si entonces trato de narrar esa tarde gris y lluviosa ¿debo dejarme llevar por la influencia inmediata del polaco Schulz, o debo considerar esa influencia como una escala con la cual debo contrastar, la tarde gris que tengo frente a mis ojos con las imágenes leídas en Schulz? O sea, ¿debo dejarme llevar por la influencia, o debo considerarla como un material objetivo de trabajo? Pero, dejemos esto. Yo siempre me meto en camisa de once varas.

Usted fue (es) el escritor más joven de lo que se ha dado en llamar la Generación o Grupo Orígenes, creadores que giraron en torno a la revista homónima que dirigiera José Lezama Lima. Pero creo que su obra ha experimentado, in crescendo con los años, una abismal ruptura (desvío) con respecto del centro estético origenista. Vitier, por ejemplo, aún se empeña en teleologías insulares y epifanías. Usted, que desde un principio se mostró equidistante de los demás origenistas, ha transitado de unos pasmosos arlequines a un home lleno de viejos autistas y suicidas. Ahora bien, más allá del bien y del mal, ¿qué queda todavía en García Vega de origenista?

Creo que después de haberme metido en el Laberinto de mi autobiografía, *El oficio de perder*, salí «desorigenizado». Me siento, Pablo, más albino que origenista. ¡Es raro el asunto! Pues, paradójicamente, siento que mi libro, *Los años de orígenes*, es todavía un libro origenista, un libro en que todavía me siento identificado con aquel fiestongo. Pero ya, no. Ya, ahora, hasta me siento alejado de aquella pasión conque me expresé en *Los años...* Y es que, repito, la entrada en el Laberinto me ha convertido en un albino casi sin pasado, ni paisaje. Pero ¿cómo explicar esto? ¿Tendría que escribir otro libro?

II (2012)

Lorenzo, según confesaste en tu reciente visita a Texas A&M University, tu último libro publicado, Son gotas del autismo visual, *viene a funcionar como substituto literario de una decisión fracasada que en algún momento tomaste: ser pintor. ¿Cómo es eso? ¿Lorenzo pintor?*

Apollinaire al agua. Fue mi consigna a los veinte años, y caí en la piscina cubista. También, cuando mis *espirales del cuje*, me puse a machetear sombras cubistas, utilizando machetes. Siempre tentado, aunque no lo parezca, a meterme entre círculos, y cubos. Minimalizar siempre ha sido mi tentación. Por eso no puedo ser neobarroco.

Autores que nunca olvido: Reverdy, Max Jacob.

También está lo amarillo. Eso, amarillo, que junto a mi obsesivo colchón tirado en un solar yermo, forma parte de mi autista paisaje de la Playa Albina.

Dentro de poco saldrá mi texto (creo que saldrá en estos días de Navidad), donde incluyo mis *Gotas de lo vario pinto*. Es un texto donde hago de las mías con la obsesión por erogar trizas plásticas. (No olvides, también, mi palíndromo con cerradura).

Pero, nunca he sabido dibujar ni una cajita. Y, además, los que soy es un colachero, un notario que quiere confesarse. Tratando de explicar este rebumbio, me he pasado toda la vida.

En efecto, en muchos de tus versos de Suite para la espera *hay como explosiones plásticas desprendidas de esas colisiones surrealistas y cubistas de palabras que construiste en esos poemas. Además de ese «Apollinaire al agua» que citas, también recuerdo un «Chaplin abúlico» y «en el puente las tontas meninas a levantes». Sin embargo, esa primera explosión fue desembocando en oníricas implosiones en tu obra posterior, es decir: en ese acto de minimalizar continuo/obsesivo como bien acabas de señalar. ¿Por qué se dio ese reverso en tu obra? ¿Acaso fue un proceso paralelo a tu distanciamiento del origenismo? ¿O ya en* Suite para la espera, *en esa «noche de los pasmosos arlequines», habitaban los rostros del reverso?*

Yo nací dentro de los rostros del reverso. Cuando los habité de verdad, lo que hice fue encontrarme –¿encontrarme?– más a mí mismo. He dado tumbos y tumbos, y siempre termino pretendiendo confesarme.

¿Yo me distancié del origenismo? Para enredar la explicación te digo que, cuando estuve, con camisa de fuerza, metido en aquellos años, siempre estuve distanciado. Estuve con camisa de fuerza, pero distanciado. ¡Aquello, ya lo he dicho, fue de la puñeta!

Paralela a esa pretendida necesidad de confesarte, siempre ha estado en tu obra otra necesidad: la de encontrar una forma para esas confesiones. En libros tuyos como Los años de Orígenes, Vilis *y* El oficio de perder *(por sólo mencionar tres), además de confesiones de vida, hay confesiones de formas constructivas del texto. Pareciera, entonces, que Lorenzo García Vega lo que busca en su escritura es darle una forma a su existencia. ¿A qué le atribuyes esa marcada obsesión por las formas en tus libros?*

¿Obsesión por las formas? No sé, no creo que las formas me obsedan. No te olvides que, siempre me he vuelto hacia atrás, buscando lo inmaduro. ¿Gombrowicz? Gombrowicz nunca se me olvida.

O, quizás, más que la forma, me obsede dar con el hacha para quedar en la seca estructura, en el hueso último. Pero, no olvides que nunca olvido el sueño (tengo una libretica en mi mesa de noche). Me gusta sumergirme en el sueño y, de inmediato, con vocación de cubista, detenerme, buscando la estructura.

¿Ya desde los poemas de Suite para la espera *y desde aquellas «sombras cubistas» macheteadas que estructuran* Espirales del Cuje, *existían esas libreticas de confesiones oníricas de las que se desprende buena parte de tu escritura?*

No, el fiestongo onírico vino después, y culminó en *Vilis*, esa ciudad que se levantó aquí, en la Playa Albina.

Y en esa ciudad onírica levantada en Playa Albina, ¿qué queda de Jagüey Grande, de La Habana, de New York, de Caracas? Es decir, de las ciudades que físicamente has habitado en tu vida.

Jagüey Grande reaparece en mis sueños, continuamente. Caracas a veces reaparece en mis sueños, con la pesadilla de ser el lugar donde no puedo quedarme, pues no conseguía empleo –así fue en la realidad.

No deseo recordar a New York. Una de las peores etapas de mi vida la viví allí. Hace poco estuve en New York. No quería estar allí.

Después de Suite para la espera, *no has vuelto a publicar lo que se llama un cuaderno de poemas (y aquí cometo un acto de reduccionismo genérico). Incluso, más allá de que* Ritmos acribillados *pueda encasillarse en ese género literario, es un libro más cercano a una escritura atravesada por otras formas, como el diario y/o las memorias. Y tus últimos libros (*El oficio de perder, Devastación del hotel San Luis, Cuerdas para Aleister…*) transitan de lo autobiográfico a las minificciones. ¿Todavía Lorenzo escribe poemas?*

Creo que escribo poemas en mi libro próximo a salir: *Erogando trizas donde gotas de lo vario pinto*. Aunque las gotas son apotegmas, apotegmas visuales. Vamos a ver cómo sale la cosa. Hago lo que puedo.

Has dicho que Max Jacob es uno de esos escritores que nunca olvidas. Justamente en su famoso prefacio a El cubilete de dados *Jacob señaló que «el poema en prosa, para existir, ha de someterse a las leyes de todo arte, que son el estilo y la voluntad». Entonces, replanteando un poco la pregunta anterior, ¿acaso lo que has hecho en todos estos años es escribir poemas en prosa atravesados por una voluntad de situar (y aquí utilizo otro concepto de Jacob) tu estilo en un espacio compuesto de destrucciones genéricas, a semejanza de tu devastado hotel San Luis?*

¿Qué es lo que he hecho en estos años? Meterme en *Vilis* cada vez que puedo. ¡Pablo, no me preguntes eso! Me da hasta miedo la pregunta (y también al Maestro KH, que a veces se para frente a mi casa).

Sí, es verdad que he tenido una voluntad, pero lo mejor es ni preguntarme por eso.

Aunque es verdad: sí: casi siempre me he sentido atraído por espacios devastados –la colchoneta en el solar yermo, las paredes del hotel San Luis. Pero, ¿qué otra cosa podía hacer, metido, como lo he estado, en un Home de la Playa Albina? Mis fantasmas, como el Maestro KH, siempre han estado a la vuelta de la esquina.

¿Fantasmas sometidos a una geometría? Quizás algunas veces me he propuesto eso. Los palíndromos, acuérdate. Ha sido, lo confieso, un mundo un poco seco.

¿Qué hacía el Arzobispo de La Habana leyendo *Paradiso*?

Enrico Mario Santí

La vida y obra de Lorenzo García Vega fueron un secreto a voces. Poeta y narrador, vivió, además de en La Habana, en Madrid, Nueva York, Caracas, y últimamente en Miami, su «Playa Albina». Pero su obra, que abarca más de cincuenta años y casi el mismo número de tomos, fue más rica y extensa. El más joven integrante de Orígenes fue, a un tiempo, fiel defensor de la revista y el más severo detractor del grupo. No extraña esa lectura. Aún en medio de la plena producción origenista, y debido en gran parte a su diferencia de edad, su poesía marcó una ruptura con el tono solemne y místico del grupo. Si el propio Lezama llegó a llamarlo «jesuita protestante» habrá sido porque intuía esa diferencia, lo que después de su exilio se convirtió en la franca ruptura de su trilogía: Rostros del reverso, Los años de Orígenes *y* El oficio de perder.

Esta entrevista[1] se remonta a 1996, cuando, gracias a la oportuna gestión del poeta Carlos A. Díaz Barrios, pudimos conversar durante una de mis frecuentes estancias en Miami. Nos vimos poco, pero hablamos mucho. Antes de conocernos nos habíamos leído, sobre todo yo a él. Además, coincidíamos en una serie de gustos, o más bien de disgustos, y eso nos hacía cómplices. Para mi sorpresa, Lorenzo no solo accedió a mi petición; cuando llegué a su casa encontré que había preparado dos textos, que él mismo leyó e incorporamos a la entrevista.

---

[1] Publicada luego en dos partes en *Diario de Cuba*, el 22 y 23 de junio de 2012. El autor agradece la transcripción de esta entrevista a su amigo y alumno Luciano Cruz Morgado.

Años antes, en La Habana, yo mismo le había hecho una entrevista al llamado grupo Orígenes, o al menos a sus sobrevivientes (Vitier, García Marruz, Diego, Gaztelu), él la conocía, y tanto él como yo nos habíamos quedado con ganas de completar el caleidoscopio. De hecho, esa había sido mi primera intención, pero nunca pude hablar con otros miembros, como Smith (quien se excusó de aquella reunión), Rodríguez Feo, quien alegó no estar en La Habana, y desde luego mis grandes pérdidas: Virgilio Piñera, de quien se me previno «no veía a nadie», Gastón Baquero, a quien nunca me atreví a llamar a mi paso por Madrid, y Justo Rodríguez Santos, a quien también me perdí en Nueva York.

Lorenzo miraba con ojos claros que parecían láser. Tenía algo de inhumano y excéntrico: cruce entre lord inglés y guajiro matancero, lucidez y redundancia, arrojo y timidez. Atravesándolo todo, un dolor seco, como si con los años se hubiesen resignado y domado el uno al otro. Nuestra conversación, como se verá, no solo regresa a lo que Lorenzo ya había escrito sobre Orígenes; hablamos sobre la época, personalidades cercanas a la revista (como Baquero), y temas hasta entonces tabú, como la homosexualidad.

No recuerdo cuánto tiempo hablamos, pero como suele ocurrirme, perdí la noción del tiempo y salí alucinado. Sucesivos accidentes de transcripción, mudada y otros trastornos impidieron que hasta hoy, quince años después, cuando él ya no está, dé a conocer nuestra charla. Nuestras palabras, que ya se llevó el viento, tal vez ayuden a recordarlo.

Cada vez que me he puesto a pensar una primera pregunta sobre el tema Orígenes siempre me ataca la duda si no es redundante.

Bueno, sí, yo he contado mi encuentro con Lezama en *Los años de Orígenes*. Fue en la librería Victoria. Aquel hombre me dijo: «Muchacho, lee a Proust». Yo iba todos los días a la librería Victoria, estaba en el Instituto en ese momento. Él parece que me había visto. En ese mediodía, se apareció, me vio y me lo dijo. Establecimos una relación. Durante dos años me fue entregando libros, porque yo no tenía ningún conocimiento de literatura. Mis lecturas habían sido sobre cuestiones filosóficas nada más. Y él me fue entregando en una jaba (la jaba cubana) todas las semanas, libros, con cuestiones de literatura, para que yo me fuera formando.

¿Qué autores?
Primero fue *Los cantos de Maldoror*. Ese fue el primer libro que me dio él y me dijo: «Hay que empezar por aquí». Fue una verdadera enseñanza, como si estuviera uno en un curso. Después fui conociendo al grupo Orígenes. Durante esos dos primeros años yo no escribí.

¿Qué años?
Tiene que haber sido hacia 1946. Nada más me mantuve leyendo. Como a los dos años, comencé a escribir algunos poemas, a instancias de Lezama. Le di los primeros. Entonces hizo una selección de los que le interesaban para hacer una suite. Serían como ocho o diez poemas, o papeles, ¿no?, porque no eran poemas propiamente. Con esa selección de versos, él hizo un collage: «Variaciones».

¿El título es tuyo o es de Lezama?
No, lo hizo él y eran ocho o diez poemas. Rechazaba los demás. Nada más escogía lo que él consideraba lo mejor.

Lezama actuó como Ezra Pound con T. S. Eliot.
Eso me han dicho, y efectivamente, parece que lo fue.
Una de las cosas que yo más sentí era que nos sentimos como un grupo aparte. Nos marcó para siempre la cuestión de que publicamos libros que nadie leía y colaborábamos en revistas que todos detestaban. Eso nos marcó extraordinariamente, y acaso ha dejado una huella siempre en mí.
Esto, por supuesto, le fue dando al grupo una característica: la de sentirnos solos, incomprendidos, orgullosos también, de nuestra superioridad con respecto a un ambiente que nos detestaba, sentir que teníamos una extraña visión que no era compartida.

Todas las visiones son extrañas. Pero, ¿cómo la definirías, o recuerdas?
Sentíamos que vivíamos en un medio totalmente prosaico, adherido a cosas muy circunstanciales, muy inmediatas; estábamos metidos en un gran sueño poético. Eso sí fue cierto. Después se ha podido hacer mucha retórica, y quizás incluso todos la hayamos hecho y nos hemos convertido en una máscara. (Siempre uno se convierte en máscara de

uno mismo.) Pero en ese tiempo era cierto. Yo creo que esa fue nuestra autenticidad. Después, nadie se mantiene auténtico por mucho tiempo.

¿Dirías que esa «extraña visión» era compartida por todos de la misma manera y que, por tanto, había una uniformidad de expresión? ¿O es que había una rivalidad de visiones?
Estábamos compartiendo de maneras diferentes. Sí era una cosa común en torno a nosotros. Nos sentíamos especiales y creo que tuvimos razón en sentirnos así.

Pero, quizás mi pregunta es otra. Si tú tuvieras que señalar o identificar una serie de puntos de contacto o comunes denominadores entre los poetas de Orígenes, ¿cuáles dirías, serían esos rasgos y esas características?
A lo mejor cada cual pueda ver distintamente esto que estoy diciendo. Y quizás a través de la conversación se vaya aclarando. Yo, por ejemplo, sentía, en tantas cosas, que éramos como la traducción de las vanguardias europeas, y que estábamos traduciendo eso, traduciéndolo a nuestra propia forma, sin que la palabra traducción me importara o la considerara como una cosa mimética.

Cuando te refieres a las vanguardias, ¿te refieres a alguna vanguardia específica? Por ejemplo, ¿la vanguardia italiana o la francesa?
A la francesa específicamente.

¿Cuáles autores?
Por ejemplo, los surrealistas…

¿Y quizás antes de los surrealistas, o figuras aledañas, como, por ejemplo, el propio Gide, Valéry, o Cocteau?
También, sí. Nos sentíamos inmersos dentro de ciertos misticismos. Un misticismo muy especial. Quizás no se pueda definir bien. Pero la soledad y contradicción en que estábamos con respecto al ambiente nuestro, nos llevaba a eso: a sentir nuestra vocación como una cosa un poco mística.

Claro que después tengo mucho cuidado con todo lo que estoy diciendo. Todo esto se ha ido transformando. Después que uno lo dice, se convierte en retórica. Uno de los problemas que tiene todo grupo literario, y toda literatura, es que después que uno dice una palabra, se convierte en retórica y uno se convierte en un farsante.

Mi cuidado siempre es uno: mi pasado origenista, todo mi pasado. Continuamente me estoy dando cuenta de que soy un farsante, de que cuando digo una palabra no es así, de que no debería haberla dicho. Entonces tengo que dar un paso adelante, otro paso atrás.

Es decir, nunca estás satisfecho con cualquier tipo de autodefinición. Porque la autodefinición siempre deja fuera muchos otros aspectos que se deberían tener en cuenta.

Eso es de lo que hablo: la pose, la estatua. La pose se convierte en una estatua, la palabra se convierte en pose, y la pose se convierte también en una cosa estática.

En efecto, es una de tus grandes obsesiones. Por ejemplo, en Los años de Orígenes, *vemos tu esfuerzo por buscar el otro lado, lo que tú llamas «el reverso»: un discurso no-convergente, tantas facetas de un tema como sea posible. Aunque parte del problema es que el lenguaje siempre te traiciona. La lógica te va a permitir una sola representación.*

Todo lo que dices es cierto. Este sentirnos también como un grupo (siguiendo en esta cuestión de la vinculación con Orígenes), un grupo especial, se unió a las condiciones sociales de aquel momento. Había pasado la revolución de 1933, o sea, la revolución contra Machado, que trajo sobre todo consecuencias sociales en Cuba. Trajo, sobre todo, un «enchusmecimiento», un populismo ramplón.

«Se desbordaron las cloacas», me acuerdo que dijo Lydia Cabrera sobre esto. Emergió el gansterismo, la publicidad y ganar dinero como medio de alcanzar poder. Los viejos valores tradicionales («viejos valores», por supuesto, entre comillas) se fueron a bolina. Y Orígenes, en cierto sentido, fue como una supervivencia de aquellos «viejos valores». Por ejemplo, en el caso mismo de *En la calzada de Jesús del Monte* hay una nostalgia de un mundo anterior, pero después de ese «desbordamiento de las cloacas».

Nosotros sentimos esa nostalgia, unida a una cosa muy equívoca, que era lo que yo he llamado «la grandeza venida a menos». Y digo equívoca, porque aquí ya viene una de las contradicciones. Al parecer una revolución como la de 1933, al «desbordarse las cloacas» y al añorar nosotros un pasado que no está del todo muy claro, resultó que también caíamos en un equívoco: añorábamos un paraíso de bombines y de generales que debía haberse anulado.

O sea, arremetíamos contra la situación verdaderamente bochornosa, pero quizás apegados a un pasado que también era bastante bochornoso. Un pasado de bombines, estatuas con bombines de mármol, generales. La contradicción, en Orígenes, es desde su comienzo.

Sí, claro. En Orígenes hay una nostalgia por un pasado cubano y el rescate de una tradición mucho más auténtica de la que impera a partir del 33. Se crea en Orígenes una imagen conservadora. Para invocar los adjetivos que todos conocemos: hay algo en ella de retrógrado, reaccionario, elitista.

Si hubiera sido solo elitista o reaccionario… Pero hubo algo auténtico también.

¿En qué sentido?
En el sentido de que hay bombines, con todo lo que indica esa palabra. O sea, estábamos arremetiendo, ya para dar un ejemplo concreto, contra la revolución que había culminado en unos sargentos espantosos, productos de un mundo completamente chusma, de estratos muy inferiores de la sociedad, para defender a cambio una vieja oficialidad, que indudablemente tenía «clase», era una clase bombinesca y acartonada y, en el fondo, falsa. Tuvimos que añorar un pasado que también era detestable. La situación era siempre contradictoria.

Vamos a seguir con tus anteriores ideas. Después me gustaría regresar a esta idea de lo que tú llamas el «bombín» y de todo lo que eso representa. En tu libro hablas acerca de otro aspecto: la represión, que también está vinculado a esta idea o de una visión de Cuba y del momento de Orígenes.

En la cuestión de Orígenes siempre estamos tropezando con esto: equívocos, contradicciones. Rechazamos una circunstancia social determinada para añorar o soñar una circunstancia igualmente problemática. Somos un grupo que promovemos una vanguardia, pero cuyas raíces y sentimientos son anacrónicos y conservadores.

Una vanguardia conservadora. ¿En qué consistía, dirías tú, el conservadurismo, fuera de la visión «retrógrada» de buscar la tradición?
Bueno, yo creo que esta es una extraña característica que debería ser estudiada, de la vanguardia hispanoamericana, y no solo cubana. O sea, la vanguardia en Hispanoamérica siempre es producto de una clase social conservadora, lo cual es muy extraño. Si tú miras el grupo Mandrágora, en Chile, o los distintos grupos que promovieron esa vanguardia, lo promovían gente de clase social alta: la única que podía visitar París.
No era el mundo anti-*establishment*, sino el puro *establishment*. En el caso de nosotros, no éramos *establishment*. Muchos de nosotros ya no pertenecíamos a una clase social poderosa. Éramos más bien la añoranza de una clase que se había perdido.

Y en el grupo de ustedes no había nadie rico, digamos, con excepción de Rodríguez Feo, cuyo dinero en realidad no era suyo, sino de su familia.
Nosotros éramos «grandeza venida a menos». Y en este sentido, éramos, como te digo, una variante de las vanguardias hispanoamericanas, que yo las considero producto de una clase social conservadora. Rimbaud en Hispanoamérica es leído siempre por el hijo de un hacendado, o por el hijo de un dueño de escuela, como, por ejemplo, lo fue Cintio Vitier.
Todo eso se remonta al siglo XIX. Tú conoces, por ejemplo, el caso de Luaces, en el siglo XIX. Luaces introdujo en Cuba una serie de cosas, acaso un barroco, la cosa parnasiana. Pero Luaces también pertenece a una familia camagüeyana de gran estilo, pero venida a menos. Después está el caso de Regino Boti, en Guantánamo. Uno de los que introduce, en cierta forma también, cierta dimensión de la vanguardia: el cubismo de sus poemas, la cuestión tan avanzada que tuvo en el modernismo. O sea, un hacendado guantanamero que vivía con todo el gran estilo del hacendado. Ése es el vanguardista.

En Europa, en cambio, vanguardia es precisamente el anti-burgués. En ese sentido no se podría decir únicamente que el poeta latinoamericano (o por lo menos el poeta que está en la vanguardia), surge de la burguesía, sino que surge, precisamente, de otros estratos.

De ahí que la vanguardia de Orígenes, agravada por su cuestión de las «cloacas desbordadas» del año 33, tenga una extraña característica: es una rebelión frente a un populismo chusma, pero culturalmente anacrónico. Porque esa es otra de las características contra las que teníamos que arremeter. Nos encontramos en un ambiente donde empieza a predominar lo chusma, lo populista; pero siempre con un disfraz anacrónico.

Te lo voy a hacer más concreto. La Universidad de La Habana, que representaba toda la cosa gansteril, desgraciadamente estaba controlada por gánsteres. Sin embargo, cuando aquellos gánsteres se expresaban públicamente no lo hacían de forma novedosa, sino con citas de Martí. ¡Eran gánsteres martianos! Entonces, ahí sigue la gran contradicción: tenemos que arremeter contra un populismo chusma; pero el populismo chusma es anacrónico y conservador.

Por un lado, vanguardia conservadora; por otra, un populismo anacrónico.
Y cursi también. El *kitsch*, ese es uno de los temas que en *Collages de un notario* yo he tocado. En Cuba el gansterismo está unido al *kitsch* y cada vez que un hombre saca una pistola pues inmediatamente está llorando a Carlos Gardel, que es una cosa muy extraña también.

Teníamos que hacer una rebelión frente a un populismo chusma; pero anacrónico culturalmente, por una minoría como la nuestra, integrada a las cosas europeas. Anacrónica sentimentalmente y apegada, desgraciadamente, a una moral de caudillo. No solo estábamos apegados a un pasado de bombines, sino también a un pasado de caudillos.

¿Es así como se traducía, por ejemplo, en términos del grupo mismo, la moral del caudillo en las relaciones entre ustedes dentro de Orígenes?
Bueno, por ejemplo, tú lo has visto bien [LGV se refiere a mi ensayo «Parridiso», recogido en *Bienes del siglo: Sobre cultura cubana*], la afición de la locura, la obsesión, que es una pieza fundamental de Lezama con su padre. El padre de Lezama es coronel, la figura de un caudillo. El

padre de Lezama es el coronel menocalista. La obsesión también de Lezama es el mundo de Menocal: el mundo del caudillo cubano por antonomasia. Y todos nosotros, en mayor o menor medida: Cintio Vitier, con su General Bolaño, que era su abuelo; yo mismo hablo, en *Los años de Orígenes*, del coronel Mendieta, que era la figura de mi padre. Todos estábamos sugestionados por un pasado de caudillos.

¿Pero no se podría decir también que el propio Lezama era un caudillo en relación a ustedes, los lugartenientes del grupo?
Probablemente. De tal manera, la obsesión de Lezama con los caudillos fue tal que, según me ha contado un joven cubano que ha hecho una serie de investigaciones y de entrevistas sobre personas que conocieron a Lezama en su juventud y en su adolescencia, Lezama estudió su bachillerato poniéndose la charretera de coronel de su padre y así estudiaba todas las tardes, todas las noches.
No sé qué diga Freud de todo esto; pero independientemente de Freud, es tremendo lo que eso significa en la historia de Cuba.

Yo recuerdo haber visitado también la casa de Lezama en La Habana y haber visto, en la misma sala, el retrato del coronel ocupando su centro magnético.
Lo curioso del caso es que no era coronel. Nunca lo fue. Siempre fue comandante. Al padre de Lezama (también yo lo cuento en *Los años de Orígenes*) se le hace coronel *post mortem*, para inventarle la pensión a la viuda.

En Paradiso *sí aparece como coronel...*
Sí, Lezama siempre dijo coronel, y nunca se hablaba de que no lo fuera. Lezama tomaba tan en serio ese grado para la jubilación, que él mismo se creyó que su padre siempre había sido coronel.

Ese tipo de imaginario caudillista, en relación a la cultura, digamos por lo menos como temario poético, aparece en Borges, descendiente de caudillos de la independencia argentina, quien también invoca a sus familiares. De hecho, los invoca con una suerte de tensión dentro de su ascendencia.

Sí, exactamente. Es decir, que desde un principio en Orígenes hay contradicciones. Contradicciones que, por supuesto, se acabaron con la revolución castrista. Por ejemplo, en este mismo caso que yo te he dicho, que en el primer libro que me ha dado Lezama es Lautréamont.

¿Y lo discuten?
No tanto discutirlo, porque yo era muy joven entonces. (Quedaba casi estupefacto ante esa figura de Lezama.) Me acuerdo que quedé un poco horrorizado con Lautréamont. Era el primer libro de literatura que me leía. Cuando le dije a Lezama mi horror ante aquello, me lanzó una carcajada espantosa y me di cuenta de que había metido la pata, al sentir ese tipo de vergüenza.

Pero, bueno, leíamos a Lautréamont, y Lezama rompía después con el escándalo sexual de *Paradiso*. Pero el padre Gaztelu era el que debe defender La Habana. O sea, siempre están las contradicciones: defendemos unos bombines, entramos a ver a Lautréamont, Lezama irrumpe con un gran escándalo sexual en *Paradiso*, uno de los primeros ejemplares que le da al padre Gaztelu está dedicado al arzobispo de La Habana. Nosotros nos quedamos estupefactos. *Paradiso* es un libro esencialmente perverso, en el sentido freudiano, yo diría. ¿Qué hacía el Arzobispo de La Habana leyendo *Paradiso*?

Por lo menos es un libro sensual. ¡Quizás para muchos no sería tan perverso!
Ya en el sentido freudiano que aparece, por ejemplo, en «Cuento de equívocos», de Cocteau. Tiene esa porción de sensualidad equívoca desde el principio. Yo no sé por qué Lezama tenía que darle ese libro al arzobispo.

Pero tú mismo has dicho que en Paradiso *Lezama dijo muchísimas cosas que estaban inconscientes o, al menos, reprimidas, que expresó cosas que se le escaparon, a pesar suyo. Parte de la contradicción que tú estás señalando es que, no solamente en la escritura, redacción y publicación de* Paradiso*; también en todo Orígenes había esa necesidad de represión, y al mismo tiempo, una explosión de los instintos.*

En toda esta cuestión de Orígenes había (vuelvo a repetirte) enormes contradicciones. Estaba la solemnidad, pero una solemnidad con rebeldía. Estaba el fascismo, pero un fascismo con martianismo; estaba la vanguardia, pero con un apego a los viejos valores tradicionales.

Una de las mayores contradicciones, casi pudiéramos decir la contradicción mayor, que la hace explosiva, es que en Orígenes se cuelan también tremendos problemas raciales y de clase. El tremendo problema de la mulatez, por ejemplo, que en Cuba es un problema más difícil de abordar que lo homosexual. Cierta zona oculta del mulato que se encuentra en Boti, en Gastón Baquero, en Jorge Mañach, en Núñez Olano.

¿Mucho más evidente que en Nicolás Guillén, tú dirías?
Sí. Porque Nicolás Guillén es una mulatez folclórica para el turismo. Recuerdo que una vez, Lezama me dijo, y que también yo señalo en *Los años de Orígenes*: el verso más mulato que se había escrito en Cuba no era ninguna cosa de éstas de Nicolás Guillén, sino un verso de Núñez Olano que decía «sintetizo una indemne voluntad de ascetismo».

Lezama me decía: ese es el verso más mulato que se ha escrito.

No es un mero mestizaje a lo que te estás refiriendo. Se aparta de la cuestión específicamente racial o biológica para convertirse en una voluntad imaginaria.
Una voluntad de tapujo.

De represión, digamos.
No imaginaria, de tapujo. Tremendo tapujo. Mucho mayor que el tapujo de un homosexual es tapar lo negro de todas maneras, rechazar el desbarajuste negro. Aquí volvemos otra vez a 1933. En 1933 aparece la chusmería. Orígenes arremete contra eso, y también se estaba tratando de arremeter contra el desbarajuste de lo negro que siempre está ahí.

Trato de comprender exactamente lo que estás diciendo acerca de la relación de Orígenes y lo mulato. Orígenes combate la mulatez.
No, en el caso de lo mulato en Orígenes, las dos figuras paradigmáticas en eso fueron Lezama y Gastón. Los demás no tenían ese problema.

Pero Orígenes como ideología, Orígenes como imaginario, ¿es un rechazo de lo mulato?

No, en realidad el rechazo estaba en no querer aparecer como mulato, eso sí.

Un tapujo contra el tapujo.

Es rechazar todo el desbarajuste aquél. Querer ser blanco a toda costa, querer ser blanco buscando un empaque, una solemnidad que siempre bordeaba con lo *kitsch*. Claro, cuando se busca esa blancura tan paradigmática se cae en lo *kitsch*. Es el caso mismo de Poveda.

Pero era un kitsch *involuntario, un* kitsch *inconsciente, un tapujo que no se creía tapujo.*

Exactamente.

Entonces habría que comprender que en su origen no es necesariamente kitsch; *es decir, Lezama, u Orígenes, no es Manuel Puig,* kitsch *deliberado.*

Un *kitsch* que no quiere ser *kitsch*. Eso es casi una definición de lo mulato.

También una de las definiciones del neobarroco.

Bueno, yo creo que lo neobarroco es esencialmente lo mulato. Esta zona oculta de lo mulato buscaba siempre lo francés, lo rebuscado, lo muy fino. Había que alcanzar logros de un refinamiento tropical, pero tenía siempre el peligro de terminar en el *kitsch*, o de terminar, incluso, en el «negrito catedrático».

No todo Orígenes era mulato, pero sí había una zona mulata: Gastón, Lezama, que le daban un toque al grupo. Este toque mulato, además, se encuentra en otros grupos literarios: *Lunes de Revolución*, con Cabrera Infante, Sarduy y su travestismo. El travestismo de Sarduy es el disfraz de lo mulato. Sarduy aparece siempre arremetiendo contra todo, disfrazándose, pero no dice lo que verdaderamente quiere disfrazar, que es la mulatería.

Además, a este cóctel hay que añadirle el problema sexual que irrumpe con *Espuela de Plata* y con *Orígenes*. Anteriormente, en Cuba, donde no se habían tocado estos temas sexuales y homosexuales, estaba la novela de Carlos Montenegro.

Hombres sin mujer. *¿De qué año es?*
Del 38, me parece. Y estaba también el desenfado sexual de Carlos Enríquez. Pero estos no eran homosexuales, ni Montenegro ni Carlos Enríquez. *Revista de avance*, tú sabes, tampoco era una revista homosexual.

Además, en Cuba, en esa época, no había homosexuales destapados.
Exacto.

Aunque desde luego sí había homosexuales tapujados.
Pero con las poderosas personalidades demoníacas de Lezama y de Virgilio ya sí se trae la cuestión homosexual. Aunque fíjate que, a pesar de que Virgilio arremetió contra muchos de los prejuicios de Orígenes (fue desenfadado por excelencia, etcétera) evita mencionar, en *Aire frío*, su pieza autobiográfica, que el personaje que lo representa a él es homosexual.

De hecho, la ruptura de 1941 entre Virgilio y Lezama, con motivo de Espuela de Plata, *no fue precisamente a propósito del tema sexual, sino religioso.*
Ni tampoco Virgilio toca eso. Estamos encontrándonos con contradicciones sobre contradicciones.

Ahora, es cierto también que el tema homosexual se viene arrastrando desde antes. Dicen las malas lenguas que cuando se funda Nadie Parecía, *el título dio pie al célebre «Nadie parecía... pero todos lo eran».*
Todos lo eran, sí. Yo lo menciono también en *Los años de Orígene*s. Pero, yo creo que el problema esencial, lo que más se trata de disfrazar y lo que más duele, era el problema mulato. Y cuando el problema mulato se unía al problema homosexual, era una bomba.

De ahí, entonces, que Gastón Baquero no podía formar parte de Orígenes, en ese sentido, aunque estaba presente...
De manera simbólica.

La presencia de Gastón Baquero es clave en ese sentido, aunque Baquero es más bien marginal en Orígenes.
Más bien algo que quiere ser marginal. Lezama siempre le ofreció que colaborara en *Orígenes*. Tuvo una actitud muy fina en eso. Cuando entró en el *Diario de la Marina*, se negó ya a publicar ningún poema ni más nada.

Digo que fue fina porque si Gastón, con el poder social, político y económico que tenía hubiese decidido publicar un poema en aquellos tiempos se habrían desbordado las adulaciones y habría sido proclamada el más grande poeta. Pero Gastón estimó que desde el momento en que él se metía en el *Diario de la Marina,* no quería publicar. En ese sentido tuvo una actitud muy fina.

Consecuente.
Sí, exacto. Vuelvo a insistir que hay que fijarse en las contradicciones que arrastra Orígenes. Es un grupo social desplazado por un 1933 chusma, un grupo que enarbola la vanguardia con una solemnidad de gran familia. Se le une el hecho, en el caso de Lezama y Gastón, de una mulatez y de un homosexualismo que lo puede embarrar. Virgilio lo evita en *Aire frío*, como ya te dije, con su esteticismo. Así que Orígenes cargaba, desde antes de la revolución, con una gran contradicción. Todo esto podía pasar, y pasó. Pero al llegar la revolución, con todo el desbarajuste que eso trajo, puso todas estas cuestiones al rojo vivo.

Ahora, si pudiéramos seguir un poco más con el tema de la homosexualidad, que en Los años de Orígenes *ocupa también toda una zona. Tú discutes la revista como una gestión cultural atravesada por ese tema. Yo quisiera que me ayudaras a puntualizar una serie de cosas acerca de la obsesión homosexual en Orígenes. Fuera de Lezama y Gastón Baquero, ¿había otros homosexuales?*
En líneas generales, no. No era un grupo homosexual.

El otro homosexual era José Rodríguez Feo, evidentemente.
A Rodríguez Feo yo lo consideraba más o menos fuera de Orígenes, ¿no?

¿A pesar de que pagaba la revista?
Sí. Te conté ya de ese tremendo día en que Cintio sintió que *Paradiso* quería convertir en una cosa simbólica lo que había significado para nosotros eso: un gran escándalo, una gran defensa del homosexualismo.

Te refieres a la reacción que tuvo Cintio Vitier en torno a la publicación de Paradiso [*De* Los años de Orígenes, *segunda parte, capítulo 18:* «*Cintio Vitier, quien siempre ha sido el colmo de la prudencia en lo que él cree que puede o no puede decir, y quien además siempre tuvo un trato extremadamente convencional conmigo, me llevó para un rincón de la Biblioteca Nacional, el lugar donde él trabajaba, y con verdadera indignación (y fue, creo, la única vez que vi a Cintio expresarse de una manera en que no me cupiese duda de que no estuviese simulando), me dijo: Esto de* Paradiso *es un escándalo que nos va a implicar, injustamente a todos los que no hemos pertenecido a ese mundo de Lezama, de Virgilio, y de Gastón. Nosotros, tú, yo, Eliseo, Octavio Smith, no hemos sido eso. No tenemos por qué estar ahí, relacionados con ese libro*»].

A mí me pareció muy impresionante, porque Cintio nunca había tenido conmigo gran confianza. Siempre se caracterizó (y fue una de sus notas) por ser una persona extremadamente cautelosa, muy reservada con lo que podía decir. Ese día se mostró como si tuviéramos una gran amistad, cosa que nunca habíamos tenido, y se mostró furioso de que esa nota que daba *Paradiso* iba a ser del grupo nuestro y que todo eso era una defensa del homosexualismo.

Lo interesante en la reacción de Vitier es que hace caso omiso de las muchas otras cosas que es Paradiso. *Discute la homosexualidad pero no única o exclusivamente. Vitier, el guardián de la obra de Lezama, tal y como expresó en la edición que publicó la UNESCO, hizo un esfuerzo por ocultar el tema o, por lo menos, desviarlo. Esto predetermina una actitud crítica por parte suya, en el sentido de que, como editor no le interesa este tema y lo censura.*

Me hablaba Carlos M. Luis de cubanos de la Isla con quienes él mantiene contacto, de una cierta zona de jóvenes que tratan de obviarlo o de no hablar sobre eso, de echarle un velo al asunto, como si ellos hubieran tratado a Lezama, o fueran sus parientes. O sea, que ya no se trata sólo de aquella generación, sino de gente joven que no quiere tocar eso. Quieren convertir a Lezama en un Martí heterosexual.

O tal vez, en algo más allá de la sexualidad... Pero ¿cómo se expresaba la homosexualidad en la revista? Es decir, en los poemas, en los textos que se publicaban. El hermetismo de los poemas o de las poéticas del grupo, ¿ocultaba o trataba de expresar herméticamente algún tipo de temática homosexual?
Yo no lo creo. Eso fue luego, en *Paradiso*.

Últimamente se han hecho lecturas de algunos poemas de Lezama, por ejemplo, los de Aventuras sigilosas *como alegorías del deseo homosexual.*
Bueno, eso sí pudiera haberlo. Pero, bueno, el destape, ya para emplear la palabra española, es en *Paradiso*. Ninguno de esos poemas tiene la morbosidad, pudiéramos decir (la palabra perversión ya dudo en emplear), que tiene *Paradiso*.
Los demás poemas pueden verse como una cosa más ontológica, metafísica diríamos. El escándalo verdaderamente irrumpe con *Paradiso*.

Ahora, me interesa regresar a otros orígenes, los de tu obra.
Desde un principio, me sentí totalmente unido a Orígenes. Desde un principio también, me sentí totalmente desvinculado de Orígenes.

Tú también vivías una de las muchas contradicciones: estabas a la vez unido y separado.
Ser o no ser: fui y no fui en ese grupo, siempre.

Tanto así que Lezama, a veces, te llamaba un «jesuita protestante».
A veces. Procedía también de una familia pequeño-burguesa campesina. Era una familia muy llena, como todas las familias pequeño-

burguesas campesinas, muy llena de viejos cuentos, de nostalgias de un pasado que pudiera no haber existido.

Esas nostalgias son la substancia de mi libro *Espirales del cuje*. Mi padre fue farmacéutico y representante en la Cámara, luchó contra Machado, admiraba a Machado, murió al finalizar la década del treinta, y me dejó atado a una «grandeza perdida».

Quedaste huérfano a los 10 años.
A los 12. Cuando se vivía una supuesta revolución que había naufragado. Quedé con una nostalgia de revolución, con mi padre, que no se había logrado.

Entonces estabas propicio.
Me uní a Orígenes, y esto hace uno de los costos indisolubles.

A lo que estás apuntando es a una serie de características generacionales. No es solamente una cuestión personal. Es una generación que sueña con un pasado mejor.
Pero que no existió. Me unía también el sentido de rebeldía del que ya hemos hablado, y que yo presuponía en el grupo. Aislado en mi adolescencia, ya estaba en un grupo que parecía estar frente a algo. Y, efectivamente, estábamos frente a algo; pero me sentía desunido siempre por el empaque y por la cerrazón del grupo. Ese empaque en que la gente nunca podía comunicarse, nunca podía decir la verdad, nunca podía hablar francamente, siempre tenía que estar como dentro de un pulmón de hierro...

En todo caso, un sentido de rebeldía presuponía al grupo. Había que oír también la respiración de Eliseo. Su respiración era también la de un hombre que vivía dentro de un pulmón de hierro. Incluso Eliseo tenía graves problemas neuróticos.

La timidez de Octavio Smith, las reservas extremas de Fina García Marruz. Todo esto junto al demonismo, a los celos, y al inconsciente tan sombrío de Lezama. Y otros muchos más inconscientes que había en Orígenes.

Yo recuerdo que había una cosa muy graciosa, una frase de Lezama con respecto a Gastón Baquero, en que Lezama decía que Gastón Baquero tenía un inconsciente «nitrón»...[2], del cual se conservaba copia en el Museo del Louvre de París.

Era un grupo que profesaba, como se ha visto en esas declaraciones que siempre hacen y en tu entrevista también, una aparatosa ética de la amistad: El Turco Sentado, por ejemplo...

O la finca de Bauta de Baquero...

Pero donde todo, todo, estaba calculado. Enrico, allí las comparaciones siempre aparecían cada vez que se reunía el grupo: leían lo que decían. El maestro en eso era Eliseo Diego: siempre parecía que estaba leyendo cuando hablaba. Las frases le salían siempre muy elogiosas, frases muy cariñosas.

Las dedicatorias de Orígenes eran en eso «al amigo entrañable», «el amigo querido, tal cosa». Pero todo aquello siempre estaba dentro de un marquito: nada se podía sacar, salir de aquel marco.

¿Por qué existía esa artificialidad? ¿A qué se debía?

Estábamos esencialmente enfermos, todos, enfermos de verdad. La mayor parte estábamos bajo tratamiento psiquiátrico.

A los 25 años me dice el médico que mi única solución era darme electroshocks. Eso es serio. Hay mucha gente que me ha dicho que ellos han leído ese capítulo de *Los años de Orígenes* como si fuera un juego de metáforas. ¿Qué juego de metáforas? Todo es exacto. Todos eran personajes enfermos.

Es decir, que tú ahora, retrospectivamente, ves a Orígenes como una reunión de neuróticos.

De neuróticos muchas veces graves. Porque «neurótico» tú sabes que es una palabra muy vaga. Se puede atribuir neurótico a todo. Todos somos neuróticos. Pero hay neuróticos y hay neuróticos.

---

[2] Frase no muy clara en la entrevista [N. del E.]

Entonces psicóticos.
No psicóticos precisamente, pero gente que no funciona en muchas dimensiones de la vida.

Sin embargo, esa fue precisamente la neurosis, o la psicosis que permitía escribir todos esos maravillosos poemas y desarrollar una obra literaria y sacar una revista.
No lo creo, desgraciadamente. No creo que la enfermedad lo justifica. Nada lo justifica. Sano se puede escribir. Sano, dentro de lo que todo ser humano puede serlo. Pero yo no creo que la enfermedad contribuya en lo más mínimo a que se haga una obra. Eso es un prejuicio romántico.

Sí, es una metáfora romántica hacer el vínculo entre enfermedad y literatura, o enfermedad y poesía.
O atribuir que el escritor escribe atormentado. Yo creo que el escritor escribe con su dimensión más sana. Escribe a pesar de todos los tormentos neuróticos. Los tormentos neuróticos no sirven para nada, desgraciadamente.

Lo que dirías entonces es que, lejos de ser un estímulo o un acicate, es precisamente lo contrario.
Yo no creo en el tormento del escritor como cosa para su obra, ¿no? La obra lo mejor que tiene es el costado sano, no el costado ése en que la respiración de Eliseo aparecía como un fuelle.

Y lo mismo se puede decir acerca de tu obra. O digamos especialmente sobre tu obra.
Lo sé porque yo estaba bajo tratamiento, ¿no? Las lecturas que también hice de autores como Karen Horney, todo eso me llevó a esa conclusión.

A la que tú siempre te refieres, por Neurosis y crecimiento humano. *Y el libro de Benoist, ¿cómo se titula?*
La ciencia suprema.

En ese momento, ¿nunca reaccionaste contra todo eso?
No, no podía.

¿Porque te sentías comprometido?
No, no me sentía comprometido, sino que no tuve valor. Me sentía vulnerable.

No podías ver más allá de tu enfermedad.
Sí. Además, Lezama también fue para mí una figura paternal. En esto que tú me preguntas de la vinculación a Orígenes, está también el tema generacional. Yo nací a fines de 1926. O sea que creo que ya pertenezco a otra generación.

Tú eras el más joven de todo el grupo.
Yo nací en el 26, el más joven de todos. En la antología *Diez poetas cubanos*, que va por orden de edad, yo soy el último. Con el tiempo se ha ido comprobando. La prueba es que mis amistades que fueron quedando de Orígenes fueron Mario Parajón, de quien ya después me he separado mucho, y Carlos M. Luis. O sea, gente muy joven que había entrado en Orígenes.

Orbón sí tenía la edad mía. Pero a Orbón siempre lo sentí muy lejano. Nunca entendí la teatralidad de Julián Orbón.

¿Teatralidad en qué sentido?
Me parecía que tenía una personalidad de cantante de ópera. Era muy «divo».

También me separaba de Orígenes su catolicismo y su derechismo, o su radical separación de la izquierda. Y me separa de ellos mi propio acercamiento a la vanguardia.

O por lo menos a otra vanguardia, porque ellos se veían a sí mismos como una vanguardia.
No, la rechazaban bastante. Siempre estaba cerca yo de lo que Ortega llamaba «la deshumanización del arte». Me acuerdo que los primeros días que hablé con Lezama (lo acababa de conocer) le hablé de la des-

humanización del arte y me contestó que era una visión absolutamente detestable.

También estaba mi acercamiento al surrealismo, cosa que ellos siempre desecharon. Nunca me sentí tampoco cercano a Juan Ramón, sus ñoñerías, a sus ritos y a todo eso. Cosa que, en el caso de Lezama, no hubo juanrramonismo, sino la cuestión de la gran figura de Juan Ramón Jiménez. Yo siempre me sentí bastante lejano de Juan Ramón Jiménez.

¿Lo conociste personalmente?
No. Cuando Juan Ramón fue a Cuba yo todavía era muy niño.

Ellos sí lo habían conocido: Lezama, Cintio Vitier, Ángel Gaztelu, Florit.
O sea, en ese sentido me sentía raro, ¿no? Además, en esto de la vanguardia de que estamos hablando, Orígenes era un grupo absolutamente insensible a cualquier estridencia de tipo vanguardista.

Sé todo lo ingenuas que pueden ser las estridencias vanguardistas. Pero ya en Orígenes era demasiado su alejamiento.

Tampoco entendí el claudelianismo de Lezama, o de Orígenes. Yo siempre me he interesado, con respecto a Claudel, en lo que dice Valéry: «Necesitaba una grúa para levantar un cigarro». Y me parece que eso es un poco una característica también de Orígenes y de Lezama: para levantar un cigarro no necesitas una grúa, un aparato de palabras. Eso yo lo rechacé mucho.

Me acuerdo incluso de que cuando murió Claudel se hizo un acto homenaje en el Lyceum. Fue la única vez que yo aparecí en un acto de Orígenes. Por supuesto, yo estaba invitado de entrada, y Lezama me propuso un tema como Rimbaud y Claudel. Yo no lo quise hacer; y no solo no lo quise hacer, sino que no me aparecí por ahí.

Hoy ya es un tema desacreditado.
Y te voy a decir, me resultaba muy pesado, como me resultaba todo lo surrealista. Después vino la moda cubana en Orígenes, de lo que habíamos estado hablando.

Tú dices «después». Lo cubano no fue entonces un tema en la raíz de Orígenes sino que vino posteriormente.

Vino a mediados de Orígenes. Quizás en un momento cuando Cintio escribe *Lo cubano en la poesía*.

Pero Lo cubano en la poesía *se publica en 1957, después que ya Orígenes cierra.*

Toda esta cuestión de la nostalgia, el recuerdo cubano, lo cubano en la poesía. Ahí había, a pesar de todo, una ñoñería.

Con la que tú no te identificabas.

Que yo rechazaba. Y ahí viene un problema con un libro mío, *Espirales del cuje*, que me resulta como perdido por mí. Lo he querido releer, y quizás no me atreva más nunca. Cuando lo escribí, tenía una necesidad grande de recrear un pasado campesino que se había perdido.

En ese sentido, coincidías hasta cierto punto con Eliseo Diego, me refiero a En la calzada de Jesús del Monte.

Con todos ellos. En ese mismo momento Cintio publica *De mi provincia*. O sea, que yo sentía como una última necesidad, esa cuestión de recrear mi pasado.

También viene en algunos de los grandes poemas de Lezama, como por ejemplo, «El arco invisible de Viñales», ¿no?

No, eso es posterior. Además de que Lezama sí que no conoció el campo cubano ni nada, no conoció nada más que La Habana. Pero inconscientemente (temo que inconscientemente) mi libro, a pesar de que había algo auténtico que yo quería expresar y un pasado que había sido mío, está embadurnado con ese estilo evocador de una grandeza perdida. Por eso tengo miedo de releer *Espirales*... No quiero releerlo.

Creo que fue un libro útil, en cuanto contaba una nostalgia cierta en mí. Pero me temo que, por influencia origenista, yo no pude expresar eso con toda su autenticidad. Ya no podría escribir, por supuesto, ese libro. Tendría que sacar a relucir ciertos temas sombríos.

¿Cómo juzgas a Cintio Vitier? No en el sentido judicial de la palabra; pero sí, ¿cómo lo recuerdas? ¿Qué tipo de comentarios, observaciones se pueden hacer en torno a un correligionario, a lo largo de los años, sobre todo cuando, desde el punto de vista de la recreación de ese momento, ustedes han asumido perspectivas o posiciones tan disímiles?

A mí me parece una desvergüenza total lo que Cintio y Eliseo han escrito y dicho sobre la revolución castrista. No puedo menos que afirmar que es una desvergüenza, repito.

Hubo una total separación entre lo que se es y lo que se quería ser. Se era un hombre ambicioso, éramos ambiciosos, como todos los hombres, deseosos de ser reconocidos en literatura. Pero como eso no se podía, se hacía lo que la zorra con las uvas: no me gustan porque no las puedo alcanzar.

Yo creo que un poco de eso había en nosotros, tenemos que reconocerlo. Ambición teníamos. Éramos un grupo mítico, separados de la literatura. Eso es lo que le sucede a todos los literatos y no es nada nuevo. Lo especial en Orígenes es que, por las dificultades tremendas que teníamos, no podíamos alcanzar el triunfo. Luchamos mucho y realizamos una labor muy valiosa, eso fue una gran verdad. Éramos merecedores, en un medio hostil y eso fue una gran realización. Pero tuvimos la gran falla crítica de no analizarnos en muchas cosas.

A fuer de no ser triunfadores, nos vestimos con una ética romántica de rechazo que era una mentira. Nos disfrazamos como héroes románticos que desprecian el triunfo. Me acuerdo que Cintio decía: «Gracias a Dios que vivimos en un país donde no existe la literatura». Pero cuando llegó el desbarajuste del castrismo y de verdad tuvimos que enfrentarnos a la realidad, en muchos de nosotros, en vez de conquistar el triunfo literario, el héroe romántico se convirtió en una máscara un tanto ridícula.

Se dio, pues el absurdo de que convertimos en telenovela lo que en verdad habíamos sido. Habíamos sido un grupo decente en un medio chusma y desvergonzado que hicimos una obra seria en medio del desprecio. Pero como teníamos que disfrazarnos de héroes románticos y no podíamos ver la realidad, sobrevino lo grotesco y la farsa. Como hijo de buen vecino, como humanos literatos que somos, aceptamos las prebendas que el castrismo podría traernos: Eliseo y *El Caimán Barbudo*.

Pero como la mentalidad de la época de la resistencia y ética romántica nos había hecho sentir que éramos diferentes, al pactar con Castro, con el demonio bendito, seguimos con lo que ya era un mito folletinesco: héroes católicos-románticos, videntes de cúpulas absurdas.

Fuimos, paradójicamente, los farsantes de lo que había sido cierto. Vivimos, por segunda vez, como comedia, lo que antes pudiera haber sido tragedia. Ridiculizamos nuestros mejores méritos.

Todo esto, repito, sostenido por un romanticismo a toda mecha: Lezama hablaba de la moral de las excepciones. ¿Qué significa eso? Significaba en su caso que se podía ser bugarrón, escribir *Paradiso* y sentirse inocente. Significaba que el poeta podía escribir sobre el Che Guevara y considerarse que estaba fuera de la política. Significaba que se podía elogiar a Dulce María Loynaz, esa momia que sirvió para el rejuego castrista con los negociantes españoles, y haber pensado durante los años de Orígenes que la Dulce María Loynaz era ilegible, como en efecto lo consideraban.

La moral de las excepciones fue la moral de la irresponsabilidad. Esto podría pasar en la Cuba anterior a Castro, cuando no había historia. Pero después que el gánster entró en la historia y Cuba empezó a sonar, había que afrontar las cosas críticamente y no escribir los abominables panfletos como *Ese sol del mundo moral*.

Cintio fue culpable, respondo. Lo que hizo, una desvergüenza. ¿Cómo lo juzgo? No lo juzgo. Trato de cuestionar, lo más honestamente que pueda, el pasado origenista. Es lo único que se puede hacer. Pero, desgraciadamente, no sólo fue Cintio y ese asturiano cazurro que siempre fue Eliseo, sino también Lezama, con sus vacilaciones edipianas, y el cura Gaztelu, metido en una abominable entrevista con el G-2, donde no tenía por qué estar.

Ni Gastón Baquero, el origenista que nunca fue origenista. Pero que después de un pasado político aborrecible, se prestó al merengue de la reconciliación; las dos orillas, con los ñángaras o infelices que quedan allá.

En efecto, la irresponsabilidad de Lezama le costó la vida. Él mismo terminó siendo víctima del sistema. A lo mejor es grotesca la comparación, pero tal vez Lezama fue el primer caso Ochoa. Ochoa, como se sabe, era uno de los muchos gánsteres de Fidel Castro. Cuando le celebran el primer juicio en el que le quitan todas sus medallas, dice que merece ser castigado, aunque claro habiendo ya hecho un pacto con el régimen que saldrá absuelto. Es en el segundo juicio donde se entera de que todo el mundo lo acusa pero ya está ante los leones.

El caso de Lezama es parecido. Hubo, como dices, un intento de reivindicación contra un pasado que le había negado el triunfo. Y sin embargo, se encontró con Mefistófeles, él un Fausto a quien le habían comido, y no sólo comprado, su alma...

¿Qué significa encontrarse con el cincuentenario de Orígenes?

Empezar a ver la película y protestar. Me acuerdo de un cuento norteamericano que a mí me encantó. Un joven va al cine y empieza a ver una película y la película es sobre cómo sus padres se encuentran y el padre se enamora de la madre y la va a enamorar. Entonces el joven que está viendo la película, se levanta y empieza a gritar: «no la vayas a enamorar, que no vaya a suceder eso».

Va viendo como los padres se van enamorando, que se van a casar y todo eso. El tipo forma un escándalo, y lo tienen que sacar de ahí. No quería que los padres se fueran a casar, en la película. Para mí el cincuentenario de Orígenes es volver a ver esa película y empezar a levantarme y gritar que no me vuelvan a hacer eso. Que Orígenes no va a resultar.

Una pesadilla.

Esto me recuerda también a Alfredo Chacón, en Venezuela, el fervor religioso que ahora tiene con Orígenes. Cuando me vio en Venezuela quería que yo escribiera sobre Orígenes, que me fuera para Venezuela. Me dijo que me iba a conseguir un empleo fijo para que me dedicara a escribir exclusivamente, y otra vez *Los años de Orígenes*.

Yo le dije, vaya, ¿escribir otra vez *Los años de Orígenes*? Y él me dijo: «sí, tienes que volver a hacerlo».

«Orígenes es casi como una religión», me dijo Alfredo Chacón. Y parece que los jóvenes están ahora en eso. Una religión con Cintio y con Gastón como sacerdotes, una religión para embadurnar el desastre espiritual del castrismo. Hay que desenmascarar eso.

¿Cómo puede haber una razón para volver a insistir en Orígenes? También en cuanto a Lezama. Ver a Lezama-Sarduy frente al Lezama-Cintio, pues yo creo que hay un Lezama-Sarduy y un Lezama-Cintio. Frente a la momia martiana de Cintio, que Cintio superpone a Lezama, creo que está lo que tú has llamado «la práctica del error»: la estética delirante de que habló Sarduy.

No se puede perder de vista que Lezama fue un delirante. Eso es lo que hace de Lezama un vanguardista hispanoamericano: enemistado con los delirantes, pero delirante él también.

Yo soy un discípulo en bruto de Lezama: acabo de confesar las alas que él me dio. Un discípulo que llevó jabas de libros y que se basó en sus descuidos. Severo, en este caso, es el francesito corregido que no conoció a Lezama. Yo partí de los errores de Lezama, de la inmadurez de Lezama. Sabiendo que vivió un descuido y que aprendí en una inmadurez. Yo aprendí de Lezama una borrachera verbal. Aunque él me prestaba libros, lo principal en él fue lo que oí de él. Lo aprendí en la inmadurez y desde esa inmadurez. Desde entonces he jugado y he tratado de buscarle un marco a ese aprendizaje. Esto es lo que recibí de enseñanza de Lezama.

Y, hablando de lo que tanto me ha gustado, de lo que tú has hablado, de «la práctica del error», nos sucedió a Lezama y a mí, al maestro y al discípulo, una cosa muy simpática, cuando escribí el prólogo a mi *Antología de la novela cubana*, disparatado por completo como buen discípulo de Lezama. Cuando Ezequiel Martínez Estrada lo leyó, dijo horrores en Casa de las Américas, que ésa era una de las cosas más disparatadas y más absurdas que había leído en su vida. Lezama le recomendó a su discípulo que le llevara un ejemplar a Martínez Estrada. Cuando se lo entregamos, aquel viejo puso una cara horrible, y Lezama en aquel momento se enteró de lo que había dicho Martínez Estrada de mí.

Ahora me he aclarado con esto que tú has hablado de la «práctica del error», me ha venido como intuición de todo eso. Creo que Martínez

Estrada tenía toda la razón. Indudablemente había un disparate ahí. Pero yo creo que era un disparate necesario y que todos teníamos una razón de ser.

Porque eran disparates desde cierto punto de vista. Desde el académico, obviamente lo eran.
Tuviste una magnífica intuición y una gran exposición sobre eso, que yo nunca había visto.

Y que está emparentada con la cuestión edípica. La cuestión edípica es precisamente ese reto a la autoridad que también es tan evidente y delirante en Lezama.
Me acuerdo que Carpentier una vez dijo que los mundos nuevos deben ser vividos antes de ser explicados. Cintio se precipitó a explicar, a dogmatizar sobre lo que nunca fue vivido, sino soñado. Era una extraña aberración, un extraño resultado, de algo que en Cuba fue cortado por el castrismo.

Uno de los orígenes de ese enredo está en Martí. Martí creó un sueño de nacionalidad que trató de ser realidad antes de ser explicado. De ahí el desbarajuste que engendró ese sueño. En este sentido, Orígenes fue la culminación del martianismo. A todo lo martiano se le quiso unir una concepción de la poesía también delirante.

Gómez de la Serna decía: «siendo el lago inacabado el que poetiza a los humanos». El origenismo quiso olvidar lo inacabado, soñar lo idealizado idolatrándolo, y falsamente dogmatizar sobre esta idolatrización. A esto le llamó poesía. Pero esta poesía, que evita ya lo inacabado, acaba por adorar a lo solemne.

La ausencia de forma que termina exagerando la forma.
Exacto. Gastón Baquero comenzó a sacar la revista *Verbum* gracias a Roberto Agramonte, el decano de la Facultad de Derecho, que la pagaba. Recuerdo por cierto que Lezama nunca le pidió colaboración a Agramonte. Me atreví un día a decirle: «¿Maestro, por qué usted no le pide colaboración a Agramonte?». Me contestó: «No, ese señor no colabora aquí porque no tiene nada que ver con nosotros». ¡Y era quien pagaba la

revista! Pero, bueno, era el enloquecido de una generación que pretendía, en una isla desintegrada, traer un sueño heroico.

La aberración con Martí, me parece algo espantoso: el peor autismo que nos podía ocurrir. El problema de Orígenes era poder ver las cosas de manera nueva, resultado de un grupo socialmente enfermo, de tener que verlas bajo un pasado: Martí, la gran tradición, etc. Hasta el gánster Fidel se convierte en la máscara del pasado para poder aceptarlo.

Miedo también a la soledad, al vacío de no llegar a triunfar. De ahí el aferrarse a una creencia: creencia en Martí, en Fidel, que no solo conduciría al triunfo, sino que avivaría la soledad.

¿Cintio solo quería viajecitos? Quizás el problema fue más profundo. Temieron a la soledad, temieron enfrentarse a la revolución sin creencias y decidieron seguir creyendo. No podían aceptar un cristianismo agónico, un cristianismo que no fuera creencia. Ellos, como martianos, necesitaban una idolatría, y adoraron a un gánster.

Chacón, los venezolanos, los cubanos actuales y Orígenes no pueden vivir en soledad, no pueden vivir en la duda, necesitan el juego superficial de la creencia. De ahí que caigan hasta en el ridículo de reconocer a Gastón Baquero y ver a María Zambrano como «mística».

Yo no puedo pasarme la vida desenredando esa madeja. No soy un intelectual. Pero los intelectuales deberían fijarse en la tremenda mentira que hay en el mito de Orígenes, una mentira que conduce a una estupidez como *Ese sol del mundo moral* de Cintio. Ese sol es una aberración inaudita.

Enfermos que no queríamos reconocernos como enfermos. Ese fue el problema de Orígenes: el deseo peligroso en el caso del homosexualismo de *Paradiso*, llevaría a buscar una creencia idolátrica y no enfrentarse con la realidad.

Tampoco Virgilio Piñera se enfrentó del todo. Y ha habido *kitsch* en Orígenes porque ha habido creencias idolátricas, y la creencia idolátrica suprime la duda, la misma idolatría que conduce al *kitsch* del «sol del mundo moral» y de una muchacha llamada Milagros y de la *Peña Pobre* [se refiere a la novela de Cintio Vitier, *De Peña Pobre*].

Todo romanticismo, toda idolatría conduce al *kitsch*. Lo *kitsch* que ha llevado a idolatrar un invento y a celebrar conferencias sobre Orígenes, en una sala presidida por un atorrante argentino. Por cierto, la única frase cierta del Che fue aquella sobre el suicidio de los intelectuales. Pero esta no la han llevado a cabo los intelectuales castristas que vienen a las universidades americanas.

La contradicción es que hay una pasión de Orígenes y que después de todo lo que yo diga, yo mismo participo de esa pasión de Orígenes.

Lezama siempre se sentía identificado con unos versos de Langston Hughes que decían: «Todo el mundo me dice: Negro, vete a la cocina / y como, más yo como, crezco y me hago fuerte, / mañana todos verán lo hermoso y fuerte que soy / y les dará vergüenza». Esa fue siempre su obsesión. Él decía: «Yo me voy a la cocina ahora a comer, pero mañana verán lo hermoso y fuerte que soy, y les dará vergüenza».

De este mismo periodo era Blas Roca, que a Lezama le gustaba mucho, y él se identificaba con esa frase. Blas Roca estuvo en la Asamblea Constituyente, y Orestes Ferrara estaba delegado también. Blas Roca se levantó (y Lezama lo identificó como si fuera todo un origenista) y le dijo a Ferrara: «Su Señoría estaba acostumbrado a ver a los comunistas humillados, perseguidos, atropellados por la policía. Pero Su Señoría no se ha dado cuenta de que las cosas han cambiado y que ahora ya todos estamos dentro». Lezama decía «ahora todos estamos dentro».

Sentíamos y yo siento que estábamos frente a algo. Pero todo eso tiene que estar unido a una pasión crítica. Se ha formado un gran desorden con Orígenes, una mitologización enloquecida donde las mentiras ruedan.

Ahora se habla de la butaca donde Lezama trabajaba, que ha sido sacada de Cuba y vendida en el extranjero. Yo solo vi allí un sillón y una madera de estudiante. Yo nunca vi butaca ninguna, y dicen que se llevaron una butaca.

La falta de crítica, mal hispanoamericano, es el gran fallo de Orígenes. «Si hay una tarea urgente en la América hispana, esa tarea es la crítica de nuestras mitología históricas y políticas», dice Octavio Paz. También dice Paz: «la corrupción del lenguaje, la infección semántica se convirtió en nuestra enfermedad endémica. La mentira se volvió constitucional, consubstancial».

La poesía no nos aliviará de esto. Hay una mentira poética como hay una mentira política, así como hay caudillos poéticos hay caudillos políticos. Es que la poesía no da para tanto. La poesía puede hacer la crítica, con mayúsculas.

Volvemos a la deshumanización del arte. Lezama se indignó con esta tesis. No podía aceptar que el poeta fuera un mero artesano. No me gusta hacer crítica, sino paso a paso. Crítica como un rendimiento de lo poco que puedo hacer con la creación. Temo convertir mi crítica en una crítica en mayúsculas, y terminar devorado por una retórica.

Lezama se ha convertido en un elefante, en un elefante blanco. Tiene vividores y negocios editoriales, butacas que se venden. Creo que alguien dijo que la tradición no era continuidad porque está construida con rupturas. A veces Cintio presenta como eternas, como continuidad, una serie de rupturas, convertidas en remiendos. Cuenta el cuento de Orígenes como una historia de teatro. Se sabe que es una mentira; pero se sabe que no es una mentira. Pero la revolución castrista hizo que la obra de teatro de Orígenes se convirtiera en total mentira.

Conferencia

Maestro por penúltima vez

Lorenzo García Vega

¿La experiencia con un Maestro pudo asemejarse a la experiencia que tuvimos al ver, por primera vez, una película de los hermanos Marx? Me temo que no. Esa experiencia (la del Maestro) fue demasiado seria. Demasiado seria. Fue, entonces, de lamentar que el Maestro no se pareciera a Groucho.

No, no hubo parecido con Groucho, ni con Harpo, ni con nada de esos cómicos.

La experiencia con un Maestro fue demasiado seria.

El comienzo fue en los parques, en los parques de una Habana de la década del cuarenta, siglo XX. ¿Cómo fue aquello? Yo ya no puedo ni decir ni cómo fue aquello.

A aquello, sí, le zumbó el mango.

En los bancos de los parques. El Maestro, como un actor, dijo que existía una «primera mentira», y que eso era la imagen, y que la imagen nos hacía entrar en la verdad.

¿Cómo yo, que acababa de salir de la adolescencia, y además estaba en plena crisis psíquica, pude aguantar aquello? No lo sé.

«Si no habría tradición entre nosotros, lo mejor era que la poesía ocupara ese sitio, y así habría la posibilidad de que en lo sucesivo mostráramos un estilo de vida». Decía el Maestro, el gordísimo Maestro, sentado en el banco del parque, y yo, enfermo, y sin poder encontrar aquel espacio –no un espacio gnóstico, por supuesto– que una vez había encontrado al ver las películas de los hermanos Marx.

Y aquello hubiese podido ser un gran fiestongo, pero como se trataba de la seriedad de un Maestro, y un Maestro no podía ser Groucho Marx, había que oír todo aquello bajo especie de terror sagrado.

Y es que el Maestro hablaba desde la total locura, pero desde una locura bajo la cual uno, que había soñado antes con Groucho Marx, no se podía, del todo, sentir a gusto. Y eso, a veces, estaba muy bien. Y es que el Maestro, basándose en el Diario de Pedro Mártir de Anglería, transigió con el delirio de la clasificación y de la catalogación, y eso desde un banco de parque habanero estaba muy bien. Pero, lamentablemente, Lezama, repito, no podía dejarse llevar, hasta el final, por el delirio de plena locura que a uno le podía gustar, y eso sí estuvo mal, ya que él se dejó conducir por la fea pedagogía de la fundamentación católica

El Maestro lamentablemente, como todos los Maestros, llegó un momento en que dejó de ser consecuente con el gran patafísico que pudiera haber llegado a ser, y que a uno le hubiese gustado. Se olvidó de haber dicho, como efectivamente él dijo, sobre alguien que se comía un ferrocarril de mamey, y esto mientras metía a José Martí dentro del vacío del espejo de paciencia.

¿Entienden? Repito, lamentablemente, yo no pude seguir metiéndome en ese vacío que eran las películas de los hermanos Marx, ya que el Maestro que había conocido, como todos los Maestros, quiso terminar fundamentando, y ¡con qué clase de fundamentación!

No pude, no pude entonces, desde el Maestro, meterme en lo bueno del *kitsch*, y esto a pesar de que, él, dijo que «Lo desconocido es casi nuestra única tradición».

Pero, veo que desde ahora, desde este primer momento en que estoy comenzando a hablar, quizás ya esté desvariando.

¿Desvariando? Pero, no, no voy a rectificar, no voy a empezar de nuevo. Sigo. Voy a seguir, a como sea, a ver cómo se puede aclarar sobre la relación con un Maestro.

Hay que tratar de averiguar lo que puede ser un Maestro. Habría que tratar de averiguar lo que yo quise encontrar en un Maestro. ¿Lo podré saber ya?

Yo sí pude entrever lo que, los hermanos Marx, podrían entregarme. Pude entrever que podrían entregarme el modo de desbarajuste más apropiado para adaptarlo a mi vida. Pero el asunto, como todos los asuntos importantes de la vida, no resultó.

Pero dejemos a los hermanos Marx. Yo puedo contribuir con un granito de arena, ya que yo tuve un Maestro. Así que me tiro al agua, dispuesto a ayudar. No faltaba más.

Esto, por supuesto, no va a ser un mini-taller, ya que yo nunca asistí a un taller literario, y no sé cómo se maneja eso. Así como cuando se termine lo que voy a decir, no estimularé ninguna discusión; primero, porque no me gustan las discusiones literarias, ni de ningún tipo, y después, porque creo que la relación con un Maestro se la puede quizás narrar, pero no hay por qué entrar en disputas sobre cómo pudo ser o cómo no pudo ser. Acertó uno, escogiendo a un Maestro, o puede que metió la pata, pero el asunto no es para meterse en peleas sobre eso y más, cómo es el caso mío, cuando ya han pasado unos cincuenta años de haber conocido a una gran figura literaria, y padecido su influencia.

¿Cómo voy a hablar sobre un Maestro? Voy a hablar a como pueda, a pedazos. Voy a ir pegando las tiras que se me ocurran, para ir componiendo como un collage.

Pero ¿no es una charla, una conferencia, o lo que sea, lo que voy a dar? ¿Una charla con la penúltima vez sobre un Maestro? Entonces, ¿cómo se me ocurre que pueda pegar tiras, y como coger una tijera para recortar un collage? ¿Qué es lo que quiero hacer?

No sé bien lo que quiero hacer, pero sí sé que algo me impulsa a dar una charla, o una conferencia, o lo que sea, sin ninguna continuidad. O sea, quiero decir, a lo que venga, a lo que sea.

Pero ¿es válido esto? ¿Es válido que me deje llevar por el impulso de decir sin ningún orden, a como sea? ¿Es válido?

¿Es válido comenzar una conferencia, o lo que sea, sobre un Maestro por penúltima vez, diciendo como si uno estuviera metido en el solipsismo de un diálogo autista, o en el salsipuedes de un monólogo?

Y..., ahora lo confieso, lo que me gustaría aquí, ante ustedes, sería poder meterme en el solipsismo de un diálogo autista, o en el salsipuedes de un monólogo. Pero..., sé que no puedo. O, quizás no me atrevo. Pues aunque ya, por tener ochenta y dos años, me estoy atreviendo bastante, yo no puedo olvidar que antes fui un joven tímido y bastante enfermo que tuvo un Maestro, y los Maestros, mientras no les acabamos de cortar la cabeza, nunca dejan de meternos miedo, un miedo que puede ser que nunca se nos quite.

La tarde, la tarde fría, cuando comencé estas páginas que ahora estoy leyendo. Una tarde rarísima, pues en la Playa Albina donde vivo, nunca hay tardes con frío. Se mueven las hojas, se mueven nubes grises, se mueve lo que no se sabe bien qué pueda ser, aunque sí se sabe que se mueve

Raro asunto. Estoy en el comienzo de lo que debe ser una conferencia, y como que choca mi frente, sin saber bien cómo, contra las hojas que un día de Playa Albina mueve

Pero...

Pero..., ¿qué es lo que yo quiero decir?

Pues algo, siempre, aunque uno no sepa, algo es lo que uno quiere decir, o lo que uno está impulsado a decir.

Algo, aunque parezca un desorden. Algo, aunque esto sea absolutamente inapropiado para empezar a hablar, en un lugar madrileño, sobre un Maestro que ya hace años que desapareció

Pero ¿no es cómico todo esto? Me estoy sospechando que es cómico, y esto a pesar de que no insistiré sobre Groucho y sus hermanos encantadores.

Es cómico, me está pareciendo, hablar sobre un Maestro.

Repito, y repito, siempre repito, yo vivo en una Playa Albina, en un lugar donde sólo cuento con el sueño de una catalogación, y de una clasificación. O sólo cuento con una colchoneta tirada sobre un solar yermo, una experiencia a la que le di vuelta durante tiempo y tiempo. O sólo cuento con lo que fue el doctor Fantasma, aquel personaje que soñé cuando estuve en Venezuela, absurdamente trabajando en un CONICIT, y al cual después le compuse un libro con juego, y sólo con juego. O, después, he tenido mis años como bag boy, en un supermercado llamado Publix.

Repito, siempre repito, siempre –toda la vida– me la he pasado repitiendo. Hablar a pedazos, hablar pegando tiras. Hablar, comenzando en una tarde fría donde todo se puede volver tiras, o pedazos de un collage. ¡Qué raro!

Y hablar, repito, sobre todo, de un Maestro que ya hace años desapareció.

Pero, pensándolo bien, ¿cómo, si no es con tiras, cómo si no es pegando pedazos, puedo yo, ahora, hablar de un Maestro desaparecido?

Pues, yo tuve un Maestro, efectivamente, en una década del cincuenta de la que no quiero acordarme, tuve un Maestro, y tuve un grupo –un grupo que, como todos los que se consagran a la literatura, tienen su manera especial de vivir un rol enloquecido–.

Un grupo, pues, con su rol enloquecido. Un Maestro, por supuesto, con su rol enloquecido, también.

Y yo creía que ya había hablado, por última vez, sobre el Maestro desaparecido. Lo creí que hablaba por última vez, cuando escribí mi autobiografía El oficio de perder, pues allí, en uno de los capítulos, metí –¿los metí como se meten gatos dentro de un saco?– al Maestro, y a todos los componentes del grupo Orígenes, en unas urnas como de Semana Santa, en unas urnas tapadas con velos grises, tales como se hace con los santos en el Viernes Santo.

Tapé, pues, a los santos, ¿o a los gatos?, de Orígenes, y al Maestro desaparecido, con trapos grises de Semana Santa. Pero ahora, como he sido invitado por la Caixa a hablar, de poeta a poeta, sobre el Maestro que he tapado con un trapo como para que no se saliera más, vuelvo, entonces, por penúltima vez, a evocar a ese fantasmón que ya para mí tiene que ser un Maestro perdido.

Pero ¿por qué digo fantasmón al referirme al Maestro? Pues bien, digo fantasmón, porque quien ya desde hace muchos años es un apátrida sin telón de fondo, y tuvo una experiencia como la que yo tuve durante los años de Orígenes, sólo puede, ya después de haber acabado de tapar a sus compañeros de generación con un trapo gris, sospechar que aunque trate de resucitar a un Maestro para los oyentes de Caixa madrileña, quizás lo que sólo resucite sea a un fantasmón.

Pero veamos.

Y, para terminar esta Introducción, me enredo, mientras la escribo, con la relectura de un encuentro de un surrealista gnóstico, Jacques Lacarriére, con su Maestro Gurdjieff.

Un encuentro de un surrealista con un Maestro Gurdjieff, donde el surrealista decía: «Las cigarras tienen una ventaja sobre los primates y los humanos: cuando mudan, su antiguo ser las deja de una manera muy visible, como si se tratara de un vestido viejo, de una armazón o funda vacía donde no canta más que el viento. En entomología se da a estas mudas de insectos el hermoso nombre de «exuvie». Y bien, tal es entonces mi «trabajo»».

Y bien, al leer esta cita del surrealista gnóstico que también tuvo un Maestro, me digo que yo debo insistir en este punto: mi relación con el exuvie; o sea, lo que fue el desembarazarme de mis inútiles pesos

O sea, la lucha en la relación con el Maestro. Una lucha que quisiera lograr expresar en esta charla pues, con ello, lograría hacer entender el precio alto que conlleva la relación con un Maestro, luego que su influencia es sentida como un vestido que no nos corresponde, ya que al fin llegamos a sentirlo como algo extraño.

O sea, que yo traduzco ese trabajo de las cigarras del surrealista francés como lo que fue mi relación con un Maestro: un trabajo con un anverso y un reverso: un anverso donde logré con la ayuda del Maestro, una mirada; pero un reverso, con todo el peso muerto que una influencia conlleva, y esto hasta que llegó un momento en que empieza la lucha (una lucha que también tuvo una fase analítica con el psiquiatra) por lograr el exuvie, el desprenderse de los vestidos viejos.

Mi unificación, pues, tuvo que consistir en un desprenderme, como las cigarras se desprenden de sus vestidos, del peso muerto de un Maestro. Pero, además, en mi caso esta experiencia tuvo un tremendo matiz, y fue que, en el mismo momento en que el Maestro fue aceptado, de tal manera que todo mundo empezó a repetir sus frases, yo sentí que tenía que alejarme. Pero de esto, si tengo tiempo, hablaremos después.

(Y ahora, siguiendo con el collage, siguiendo con la tarde de Playa Albina que he calificado como rarísima. Voy a abrir otro paréntesis, para decir que el telón de fondo que me rodea también se me enrarece, hasta traerme unas visiones que es para coger miedo. ¿Cómo así? Veamos.

Visiones. Son dos visiones que me asaltan, y que aunque no tienen nada que ver con la película de los hermanos Marx, sí acabo enredándome con ellas. En una visión, aparecida en el periódico Granma, que yo leo a través del email, se habla de un Hotel Plaza de 4 estrellas, y se nos dice que el Hotel es «uno de los más emblemáticos y elegantes de La Habana», y que se encuentra «erguido y desafiante frente al Parque Central». Pero no es sólo eso, sino que después de decirnos el Granma que en ese Hotel, Fidel asistió a una cena de gala, también se nos dice que en sus portales, el Maestro del cual estoy hablando, se reunía con unos escritores. Y, ¿se quiere cosa más rara, señores? ¿Se quiere cosa más absurda? Porque resulta que el Maestro, nunca se reunió con ningún escritor en ningún hotel habanero, así como tampoco, que yo sepa, hubo nunca ningún hotel, en La Habana, al que se pudiera calificar como erguido y desafiante. Y no sólo esto, también la tarde rara de la Playa Albina, me trae una entrevista hecha a Cintio Vitier, donde éste dice que un escritor cubano le contó lo que él le había oído al Maestro: «Soy asmático, soy un elefante, pero si alguien viniera [y aquí Cintio añade lo siguiente: «y ya todos sabíamos a quién se refería»] túmbenme en el suelo, les serviré de trinchera».

O sea, abro un paréntesis con una nota de prensa del Granma, donde Lezama sirve para la propaganda de un Hotel, y esto junto con la noticia del Cintio, donde aparece como un elefante tirado en el suelo. Esto, como ya les dije, es el telón de fondo que me acompaña al empezar a escribir sobre el Maestro.

Pero, no se asusten, al fin no me pasó nada. Al fin, después de colocar esta citas dentro de un paréntesis, me metí por uno de los canales de la Playa Albina donde vivo, y me eché a reír, pensando en que Cintio Vitier, según Carlos Fuentes, fue el director de la revista *Orígenes*.)

Los Maestros, ya se sabe, quizás son una de las tantas cosas en la vida de las cuales uno nunca sabe, ni uno, nunca llegará a saber nada.

¿Quién pudo saber, me pregunto, lo que pudo ser una digestión con siesta del Maestro Alfonso Reyes?

¿Quién podría describir las chancletas del Maestro hispano-americano Pedro Enríquez Ureña? ¿Quién...? Pero dejemos esto.

Señores: cierta vez, me bauticé como no-escritor. Esto lo expliqué en mi autobiografía *El oficio de perder*.

Confieso, también, que no me han interesado los homenajes, sino los contra-homenajes. Esto lo mostré, sobre todo, en mi libro *Los años de Orígenes*.

Tampoco puedo soportar a los héroes (Acuérdense: ya se ha dicho: «Todos los héroes son malos».). Razón: el haber nacido en un país donde, por tener como Apóstol a un desbordado romántico que hasta llegó a soñar una increíble religión con los grandes hombres como santos, logró que, junto con el choteo que tiñe toda nuestra historia, los héroes llegaran a pulular por todas las esquinas de nuestro lamentable relato.

También, por supuesto, detesto la algarabía que se puede formar en torno a las figuras literarias. O sea, me explico, detesto esa manera de evocar a un Maestro literario, montándolo sobre zancos, o idolatrando sus idiotas anécdotas, o convirtiendo sus palabras en estereotipias sagradas, o eso, espantoso, que consiste en recortar los proustianos ataques asmáticos del Maestro, hasta llegar a ofrecer una estúpida hilera de palabras, seguidas de puntos suspensivos, para así tratar de hacer visible la angustia existencial y respiratoria del santón literario. (Y aquí, para acabar de ponerle la tapa al pomo, observo que casi todos los críticos y profesores que levantan una escena donde se muestran las palabras cortadas del héroe literario asmático, no lo llegaron a conocer personalmente.)

Tampoco me interesa el respeto. El respeto, insisto ahora que estoy en el principio, no me sirve para hablar, de poeta a poeta, sobre el Maestro.

El respeto no me sirve, sino la mierdidad.

Y, para aclarar lo que quiero decir, me apoyo, de nuevo, en la espléndida carta de anti-homenaje que el surrealista Jacques Lacarriére le dirigió a su Maestro Gurdjieff, y donde terminó diciéndole: «mi lema preferido fue por largo tiempo –y sigue siendo– el de un hombre olvidado que se llamaba Francis Jourdain y que dijo: "El irrespeto es el comienzo de la sabiduría"». Frase memorable si las hay, y que me permite hoy terminar esta carta asegurándole, que continúo siendo más que nunca su fiel y atenta «mierdidad».

Tampoco me interesa, en este palique de poeta a poeta, insistir en el anverso, sino en ese reverso en que toda mi vida he querido colocar mi expresión. Un reverso que, en este caso de charla de poeta a poeta, sobre todo prefiero situarlo en una como búsqueda de lo que pudiera ser calificado como el esqueleto de esa problemática relación que tuvo que establecerse cuando yo, ¿un poeta?, salido de la adolescencia, totalmente desconocedor de la literatura, y muy enfermo, conocí a ese Maestro, lamentablemente endemoniado, que fue José Lezama Lima.

O sea, mi intento de hablar aquí, no implica una algarabía de adjetivos, ni un despliegue de tremebundas imágenes, sino el ofrecer, en lo que pueda, un bosquejo como de radiografía donde pudiera estar como el esqueleto de la relación entre un Maestro, y de alguien que, como pudo, intentó una búsqueda.

Vuelvo a hablar sobre el Maestro, y ahora por penúltima vez. ¿O sea, que lo que quiero decir es que, por penúltima vez, vuelvo a inventar mi relación con el Maestro? Sí, así es. «La vida» –ha dicho García Márquez– «no es la que uno vivió sino la que uno recuerda y cómo la recuerda». Y yo he evocado los años del Maestro en mi libro *Los años de Orígenes*, así como lo he traído en mi autobiografía *El oficio de perder*, pero los años siguen pasando, ya tengo ochenta y dos años, y lo que recuerdo y cómo lo recuerdo tiene que haber cambiado, hasta llegar a integrar una visión de penúltima vez, que es a la que trato de acercarme ahora.

Así que, como estoy diciendo, y como voy a seguir repitiendo, evitaré y evitaré la babosería de adjetivos conque siempre se recubre a los Maestros, y mucho más, cuando para más disparate, el Maestro resulta ser ese espécimen tremendo que es un Maestro Neo-barroco. ¡Solavaya!

Hablar sobre un Maestro –ya era hora de que llegara a pensar así– debe ser como hablar de un tremendo aparato con que algunos nos encontramos en nuestras vidas. Un aparato enloquecido y que a veces, como todas las cosas de este mundo, reventó en piezas disparatadas. Así que, repito, en este homenaje contra-homenaje, no exagerar cosas, y tratar de mantenernos en la línea.

Pero, advierto que, al intentar hablar sobre un Maestro, todo se me va poniendo oscuro, muy oscuro. Es como si mirara hacia una zona afantasmada. No sé ni cómo explicarme.

Pues han pasado cosas, demasiadas cosas. Observen: el lugar donde se estableció la relación con el Maestro, es el país de un apátrida: un telón de fondo que, convertido en lo lejano, se ha ido espectralizando.

(Observen: el poeta español Luis Cernuda, hablando de la Impresión de Destierro en un ambiente donde «La sombra que caía / Con un olor a gato, / Despertaba ruidos en cocinas», pudo ver a un fantasma que al oír la palabra España, llegó a decir: «Un nombre. España ha muerto». Y entiendo bien eso, pues, como buen apátrida, al salir de mi país yo sentí, y nada menos que en New York, ruidos de cocina con una sombra con olor a gato, y esto mientras el nombre de lo que fue mi país, lo experimenté, y lo sigo experimentando, como el nombre de lo muerto.)

Me fui, de lo que fue mi país, en 1968. Recuerdo que la noche antes de mi partida, cuando para despedirme fui a la casa del Maestro, supe no sólo que no lo volvería a ver más, así como, quizás, tampoco volvería a ver lo que había sido mi país, sino que también supe que lo espectral estaba ahí. Y eso significó, sobre todo, que en ese momento, en que me despedí de un Maestro, se acababa de romper el contexto, el telón de fondo, o lo que fuera, sobre la cual nuestra relación –una relación siempre difícil– se había establecido.

No es lo mismo dejar de ver a alguien: a un amigo, o a un familiar, o a un Maestro, por un tiempo, que dejar de ver a alguien desde una ruptura última, tal como lo es la pérdida del paisaje que nos sustentó. Así que, cuando después, en New York, supe de la muerte del Maestro, comprendí que esta muerte estaba precedida por otra: la del paisaje desde donde yo me había inventado la vida.

Pero ¿cómo explicar esto? Yo casi nunca me puedo explicar nada, pero esto que estoy diciendo, mucho menos me lo puedo explicar.

Es difícil, muy difícil, pues entre tantas cosas que han sucedido en estos tiempos de simulación (recordemos a Baudrillard), en estos tiempos de baratija, se encuentra ese como abaratamiento de la estupidez, que ha conducido a mirar de otra forma a conceptos como el de exilio.

¡Cagazón, estupidez, abaratamiento de los conceptos! No sé cuántos están conscientes de la manera en que se ha embarcado el concepto de exilio.

Se trata de lo que yo experimenté, en 1968, al salir de mi país para no regresar más.

Y es que, al salir del país donde había conocido al Maestro, al salir del país del Maestro y llegar a Madrid, y a Caracas, y a New York, me encontré con ese raro fenómeno consistente en el llegar a estar rodeado por exiliados colombianos, por exiliados del cono sur, por exiliados del otro mundo, o lo que fuera. Me encontré, entonces (estoy hablando, adviertan, de la sabrosa década del sesenta), con que casi todo mundo presumía de pertenecer a una rara categoría de exiliados, pero que ellos no sólo estaban con muy buenas becas, seguían comprándose los mejores zapatos, y seguían teniendo relaciones con su país, sino que, al cumplirse un tiempo más o menos corto, volverían a entrar en la patria y a otra cosa.

Me encontré, entonces, cosa más rara todavía, que al salir yo de una Isla privilegiada por la propaganda juvenil, idealista, tercermundista, o lo que carajo fuera, yo no era un exiliado ni mucho menos, ya que yo sólo era un tarado que por gusto se había vuelto apátrida.

Y me encontré, por último, que yo no había tenido ningún Maestro, y esto por la sencilla razón de que el Maestro del que yo hablaba, estaba empezando a ser conocido por los jóvenes exiliados hispanoamericanos, y por lo tanto no era el Maestro mío, sino el de los verdaderos exiliados. ¡Chúpense ésa!

Esto… Pero, ¡para, para cochero! ¡Cuidado! ¿Adónde me he metido? ¿Qué es lo que estoy diciendo? ¿Cómo se me ocurre…? ¿Cómo se me ocurre hablar de política, cuando nunca a mí me ha interesado hablar de política? ¿Qué es lo que estoy haciendo? Perdonen, respetable público, perdonen. Se me fue la mano y me he puesto a hablar de un exilio, o de un no-exilio, del que no se debe hablar.

No lo haré más, lo aseguro.

Sólo estoy aquí para hablar de poeta a poeta. Sólo estoy aquí para hablar de un escritor no-escritor (pues así me titulo a mí mismo) que, una vez, se encontró con un Maestro.

Perdonen.

Así que, lo que dije sobre el exilio, olvídenlo. Soy un apátrida, por supuesto, pero olvídense de mi exilio, si es que yo he estado exiliado.

Voy a hablar de poeta a poeta, si es que yo soy un poeta.

Pero eso sí, al comenzar tengo que situarme en algún punto, y aunque ya no vuelva a decir más nada que tenga relación con la política, sí ahora tengo que decir que la última vez que vi a un Maestro, lo vi en medio de un desplome, lo vi entre ruinas, en una noche en que todas las bombillas parecían haberse oxidado. ¿Y esto no debo decirlo?

Por supuesto que esto sí debo decirlo, pues estoy hablando de un Maestro en donde no hay nada detrás, en donde se acabó lo que se daba, por lo que el telón de fondo que estaba detrás de nuestra relación con él, se convirtió en una ruina. Comprendan esto, por favor. Pero, también, dejemos esto.

(Y, por un momentico, abro un paréntesis para decir que aunque yo estoy hablando de mi situación apátrida, yo no soy un escritor apasionado. Yo estoy ahora, hablando por penúltima vez de un Maestro que yo ya ni sé lo que pudo ser. Pero yo no soy un escritor apasionado, sino alguien que, en una Playa Albina donde vive, la mayor parte del tiempo se la pasa contando el número de hojitas que hay en un árbol que está frente a la ventana de su casa).

Siento la noche, y recuerdo lo que ha pasado. No acostumbro a sentarme, por la noche, en la terraza de mi casa, pero lo hice y... Quizás me puse a tocar a una estatua convertida en fantasma.

Huelo lo petrificado. Recuerdo que un malévolo, llamado Rodríguez Feo, dijo que los pisos de la casa del Maestro, olían a cucaracha. Pero ahora no voy a hablar de eso.

La primera vez que visité al Maestro.

Yo estaba, diría que furiosamente metido en la lectura. Lecturas de filósofos a los que entendía a medias, a como podía.

Quería ser escritor, pero no sabía cómo ser un escritor, ni sabía cómo meterle el diente a la literatura. Así que estaba en la espera de alguien que me pudiera orientar.

Estaba yo metido dentro del gran revolico de los fines de la adolescencia, pero no sólo era eso, sino que estaba fuertemente agarrado por un tremendo desajuste psíquico para el cual el primer analista que consulté me recomendó unas sesiones de electroshock, sesiones que no me di, aunque estuve alrededor, o rozando una esquizofrenia. Esto fue, entonces, la condición que precedió al encuentro con el Maestro. Ese encuentro con un Maestro endemoniado en un ambiente frío, áspero, como fue la Cuba de mi juventud. Un encuentro y una entrada en un grupo literario que, por supuesto, no disolvió mi desequilibrio, pero que sí me ofreció la tabla de salvación de la literatura (o sea, tuve una alternativa: o volverme un literato, o vivir como un enfermo inútil). O sea, que logré, a través del aprendizaje que me ofreció un Maestro (un aprendizaje que comenzó cuando me prestó el primer libro de lo que fue su curso, que duró dos años: *Los cantos de Maldoror*), una especie de identidad desde la que, convertido en un literato, me convertí en una especie de solitario monje loco que sólo vivía para leer y para escribir los poemas de mi primer libro.

¿Cómo conocí a Lezama? Lo he contado en mi libro *Los años de Orígenes*.

Yo estaba en la trastienda de una librería, una librería a la que iba continuamente, pues aunque yo estaba matriculado en el Instituto, no iba a clases, razón por la cual me demoré diez años para terminar el bachillerato.

Había en la trastienda una bombilla mortecina. Y en la pequeña puerta de la trastienda –no una puerta precisamente, sino la abertura de un tosco biombo de cartón–, un espectador me dijo:

–Muchacho, ¡lee a Proust!

Era José Lezama Lima.

Después, vino mi visita al Maestro. La sala de su casa destartalada, los muebles como cajones. Paredes con manchas de humedad.

El Maestro estaba sentado en el centro de un sofá (siempre en pose). La luz mortecina de una saleta, débilmente iluminaba la sala donde estábamos.

En las paredes, cuadros de los pintores cubanos. Pintores que parecían exiliados, pues no tenían público, ni mucho menos el aprecio de la horrible cultura oficial. Pintores que vivían en la pobreza.

Entonces, Lezama me contó que, una noche de 1936, tocaron en la puerta de su casa, y que al abrir la puerta, su madre y él se quedaron patidifusos, ya que se trataba de un Maestro que llegaba sin avisar. Un gran personaje, un andaluz universal, un Maestro, que sin avisar llegaba a la casa de un Maestro que todavía no era un Maestro.

¿Cómo fue que, arremolinado bajo la noche habanera de 1936, un Maestro, andaluz universal, se decidió a visitar sin avisar a un joven que todavía no era un Maestro? Lezama nunca olvidó aquella visita, así como no olvidó nunca a Juan Ramón Jiménez.

Juan Ramón, contaba Lezama, lo primero que hizo, al entrar en la sala de su casa, fue enfrentarse con el retrato del militar, padre de Lezama.

–¿Es un militar español? –contaba Lezama, que preguntó Juan Ramón–. Se parece a un militar español.

Ciertas noches, contaba Lezama, en el Hotel Vedado donde residía, Juan Ramón se las pasaba en claro, mirando a la Luna.

Mirando a la Luna habanera de 1936.

Lezama contaba de la risa incontenible, rabelesiana, que en aquel 1936 él tenía.

Una risa que sorprendió a Juan Ramón, hasta el punto de que le llegara a preguntar:

–¿De qué se ríe usted, Lezama, si todo es tan triste?

Como cajones, como cajones, entonces, los muebles de la sala de la casa de Lezama.

Repito, allí estaba el Maestro, en un sofá. Estaba como en un trono, o váyase a saber si estaba como en trono, pues la memoria siempre está engañando, y ya han pasado muchos años de aquello.

¿Tenía un aire teatral el Maestro? Sí, y digo esto porque aunque la memoria engaña, no dejo de pensar que a él le gustaba andar como sobre zancos.

Y tampoco, en lo que no me engaña mi memoria, es en el recuerdo de la risa del Maestro, la risa tremenda que llegó a desconcertar a Juan Ramón.

Y es que él, todavía en el tiempo en que lo conocí (ya he dicho que después la risa se fue apagando), junto con su risa alucinante, le gustaba decir:

–Tengo una alegría salvaje.

¿Una alegría salvaje? ¿Qué quería decir? Pues en aquel tiempo en que conocí al Maestro, él era un abogado sin destino («Convénzase Lezama, usted es un abogado explotado por el capitalismo», le decía un viejo comunista español, suegro del pintor Mariano, quien deseaba que Lezama entrara en el Partido), un pobre con un horrible puestecito en la cárcel de La Habana (y saber que un poeta tenía que trabajar en una cárcel, dejó patidifuso al poeta español Pedro Salinas, cuando se enteró de esto, al visitar La Habana), y un escritor rechazado por el horrible mundillo cultural que lo rodeaba.

Así que no se sabía bien lo que quería decir el Maestro. No sé cómo pudo ser aquello. Pero sentado en los bancos de los parques, riéndose como nunca he visto reír a nadie, y diciendo, y volviendo a decir que tenía una alegría salvaje, vivía el Maestro.

Y es que él fue un personaje increíble. Pero ¿la gente que lo conoció, podía darse cuenta de que estaba frente a un personaje increíble? No, los intelectuales, escritores, profesores, de aquel tiempo, lo vieron siempre con envidia y odio, sin entender en lo más mínimo al Maestro que tenían delante. Sólo un pequeño grupo, los que formábamos parte de la revista Orígenes que el Maestro dirigía, sabíamos quién era él, y saber eso, en un ambiente hostil y espantoso como aquel dentro del cual vivíamos, nos dio un aire de catecúmenos, o de rarezas, un aire de quienes sabíamos lo que los demás no podían o no querían entender.

Curioso: los intelectuales, donde hasta había participantes de una supuesta vanguardia, la vanguardia de la *Revista de Avance* de 1927, nunca quisieron saber nada del Maestro, pero sí yo llegué a ser testigo de la manera en que él, que siempre se mostraba con sus andariveles barrocos, y hablaba ante cualquiera como pudiera haber hablado con Góngora, gustaba y divertía a la gente del pueblo que lo oía hablar. Esto, ser testigo de esto, fue una experiencia muy singular. Una experiencia muy singular porque... Veré cómo lo puedo decir. Porque, cuando el Maestro hablaba frente a un hombre sencillo, frente a un pobre diablo, con todo el perendengue de sus metáforas, y con gestos semejantes a aquel que hubiese podido desplegar en un escenario, no dejaba por supuesto de ser un actor, pero... resultaba –y no sé cómo explicarlo bien– que era un actor de una paradójica sencillez, ya que tras su parafernalia de figurante barroco, uno podía intuir –y esto también lo intuía un chofer de alquiler que lo estuviera oyendo–, sentir, como si estuviera frente a alguien, sencillo, que tuviera lo semejante a la «humildad» de un juglar, un juglar que le gustara jugar con cualquier espectador que se le pusiera delante.

¿Qué les parece esto que les estoy diciendo?

Pero ¿por qué digo que Lezama fue un personaje increíble?

Pues decir que un personaje fue increíble, o que fue extraordinario, es pan comido en el mundillo del periodismo cultural. Pues decir que Lezama fue un personaje increíble, es algo que cualquier idiota repite en las tesis que se escriben sobre él. Pues la mayor parte de las tesis elogiosas sobre Lezama, ya no quieren decir nada.

Pero yo, ¿por qué califico al Maestro como un personaje increíble?

Es que, en los años que he vivido, y en las experiencias que he tenido con el mundillo literario, puedo asegurar que lo que conocí en Lezama, su vivir en la poesía, fue verdaderamente inaudito.

Lezama –y vuelvo a no saber cómo decirlo– llegó hasta tal punto a ser la encarnación del gran funámbulo, o del gran poeta, o del gran farsante (y no puedo olvidar cuando, en los primeros tiempos que lo conocí, me dijo: No olvides, que todo poeta es un farsante) que en los gestos, las palabras, la conducta, no dejó de traslucir al personaje que se había inventado (porque Lezama, por supuesto, tiene que haberse inventado un personaje, pero lo bueno es que él se convirtió en ese personaje).

Nunca he tenido ninguna experiencia con literato, que se pueda asemejar a la que ofreció Lezama.

Pero ¿cómo puedo explicar esto?

Voy a traer el testimonio de alguien que lo conoció menos que yo, de alguien que no lo conoció desde una amistad de varios años, pero que dio en el blanco al presentarlo a los lectores.

Me refiero al testimonio de Severo Sarduy, quien lo presentó de esta manera:

Y es que en Lezama el apoderamiento de la realidad, la voraz captación de la imagen opera por duplicación, por espejo. Doble virtual que irá asediando, sitiando al original, minándolo de su imitación, de su parodia, hasta suplantarlo.»

La démarche lezameana es, pues, metafórica. Pero la metáfora el doble devorador de la realidad, desplazador del origen, es siempre y exclusivamente de naturaleza cultural. Como en Góngora, aquí es la cultura quien lee la naturaleza –la realidad– y no a la inversa; es el saber quien codifica y estructura la sucesión desmesurada de los hechos. Lo lingüístico arma con sus materiales un andamiaje, una geometría refleja que define y reemplaza a lo no lingüístico.

Poco importa la justeza cultural de esas metáforas: lo que ponen en función son relaciones, no contenidos. [...] Hablar de los errores de Lezama –aunque sea para decir que no tienen importancia– es ya no haberlo leído. Si su Historia, su Arqueología, su Estética son delirantes, si su latín es irrisorio, si su francés parece la pesadilla de un tipógrafo napolitano y para su alemán se agotan en vano los diccionarios, es porque en la página lezamesca lo que cuenta no es la veracidad –en el sentido de identidad con algo no verbal– de la palabra, sino su presencia dialógica, su espejo. Cuenta la textura francés, latín, cultura, el valor cromático, el estrato que significan en el corte vertical de la escritura, en su despliegue de sapiencia paralela.

(Así que me meto en un brevísimo paréntesis para decir que yo, el joven monje loco que conoció al Maestro cuando todavía Severo no lo había conocido, quedé de tal modo alucinado que entonces todo, hasta los anuncios por la televisión, y hasta lo que cualquiera me pudiera decir, se me convirtió en material para transmutar en espejo.)

Severo también apuntó rasgos teatrales del personaje Lezama: caballero de un grabado colonial; enarbolador de un habano, para lanzar espirales azulosas que se desplegaban envolviendo sus gestos lentos; presencia pausada, teatrales palabras. Es decir, Severo apuntó, certeramente, rasgos ciertos de Lezama. Pero lo que, quizás, no pudo saber Severo, así como no lo puede saber el lector que no conoció personalmente a Lezama, es que esos rasgos, y todo el aparato con que se manifestaba Lezama, formaba parte de su vida, por lo que aquellos que lo conocimos, los entendimos como una parte de su cotidianeidad. Y es que, puedo decir que nunca he visto un teatro más bien montado que aquel que ofreció Lezama a todos los que lo rodeaban. Ese espectáculo, sorprendente, que él supo dar, fue algo muy extraño, verdaderamente muy extraño.

Y es que, entre tantas cosas, se puede decir que Lezama fue el actor, el farsante, que se consagró a vivir como un actor que, además, vivía una delirante manera de soñar las cosas.

Por eso, puedo repetir, y repetir, que fue una experiencia muy singular, muy extraña, la que tuvimos los que rodeamos a Lezama en sus años de magisterio. Pues se trató, repito, y repito, de los irrespirables años cubanos, bajo un imbécil mundillo intelectual cerrado a toda imaginación, pero en el cual, sin que se pueda saber cómo, irrumpió lo que Cintio Vitier llamó la fabulosa figura de Lezama.

E insisto en que se comprenda bien lo que estoy diciendo. Lezama introdujo el culto de la forma, introdujo la foné, pero esto fue sentido por los que lo rodeamos como un contenido que podía llenar nuestras vidas.

Y esto que estoy diciendo, quizás ya lo podamos ver como una mistificación. Y debe haber sido así, pero no por ello dejó de ser una mistificación alucinante. Pues no se entiende la locura de los años de Orígenes, si no se entiende ese efecto que produjo en los que participamos en aquel momento, esa danza fonética que Lezama introdujo en nuestras vidas.

Así que eso de que habló Severo, el doble virtual que suplantaba al original, fue la tremenda experiencia que tuvimos los que seguimos al Maestro. Una experiencia que al producirse en un país escachado culturalmente como lo fue el nuestro, sólo es explicable por la inaudita locura de Lezama.

Así que, lo curioso que sucedió a los que vivimos bajo el magisterio de Lezama, es que vivimos bajo el salto de ese análogo de que habló Severo, pero que vivimos ese salto como una disciplina, como un rigor.

Y lo curioso fue que llegamos a ser, los que rodeamos al Maestro, la gente más literaria del mundo, pues la literatura se nos metió por dentro.

Aunque, por supuesto, esto tuvo su reverso, su castigo, el reverso, y el castigo, que siempre implica seguir a un Maestro, y que en nosotros consistió en meternos en un duplicado que, al estereotiparse, se llegó a convertir en una camisa de fuerza. Y es que, olvidándonos de Gombrowicz, nos metimos debajo de la foné, dejando de tener en cuenta a lo inmaduro, que siempre está ahí.

Reverso, peso muerto que deja un Maestro, y lo que hay que pagar por seguir una enseñanza. Sí, siempre, lamentablemente, hay que contar con eso.

Pero, demos otra vuelta, la vuelta del reverso. ¿Pudo Lezama divertirse, lanzado en un coche fúnebre? ¿Hubiera podido llega a ser un escritor absurdo?

Lezama tenía sensibilidad para mantenerse en el disparate, pero una católica solemnidad siempre lo lastró.

Uno sentía, sí, una ligereza en el Maestro, Pero...

Él podía intuir la esencia poética de la ligereza, pero del todo no podía alcanzar lo ligero. No era un vanguardista. No hubiera podido ser un patafísico, ya que entre otras cosas, fue el director, junto con un cura, de una horrible revista católica, Nadie Parecía, ¿Y cómo, quien estaba unido a un cura, podía ser un patafísico?

Así que el Maestro podía oler la ligereza, pero no se movía dentro del humorismo absurdo. ¿Qué relación podía tener Lezama, por ejemplo, con Macedonio Fernández? Macedonio dijo, entre otras cosas: «Si muchos miedos y una constante imposición del Misterio hacen humorista, nadie escribirá más alegremente, hará más optimistas que yo». Pero Lezama no podía llegar a esa conclusión absurda: el miedo, que sí lo tuvo, y la imposición del Misterio, que también lo tuvo, no lo llevaron al humorismo, sino a lo enrevesado y pesado de un catolicismo que para qué hablar.

El catolicismo, la influencia de Claudel. Recuerdo que Valery decía que Claudel, si tenía que agarrar un cigarro, sólo podía hacerlo con una grúa, y esto también le sucedía a Lezama. ¡Una grúa para llevarse un cigarro a la boca! Y esto lo imposibilitó para poder llegar a ser un cuentista ligero. Piensen en un mini-cuento. Y piensen en la imposibilidad de Lezama para poder escribir un mini-cuento. La grúa siempre estaba ahí.

Aunque eso sí, pese a esto que acabo de decir, pese a la incapacidad vanguardista del Maestro para poder ser ligero, no puedo dejar de señalar, en su enseñanza, algo muy bueno: el aceptarlo todo, el tratar de asimilarlo todo.

Era el Maestro un amante de la asimilación, aunque claro, por sus prejuicios y por las aberraciones de su forma de vida, había elementos que él no podía incorporar.

(Y, por supuesto, y abro un paréntesis de una sola línea para decir esto, el catolicismo del Maestro era absolutamente intolerable.)

Pero veamos más de los anversos y reversos en el magisterio de Lezama. Veamos:

Anverso. Veamos una cita: «El extremo refinamiento del verbo poético se vuelve tan primigenio como los conjuros». Y con ello, el Maestro nos llevó a aceptar la literatura, a sentirnos plenos con ella. O sea, había una aceptación de la letra, y un rechazo de la mierdanga realista, pues aprendimos la manera de encontrar en la imagen, un camino para mejor entender la realidad, así como un modo de llegar a nosotros mismos. Además, el Maestro nos dijo: «Que nuestra demoníaca voluntad para lo desconocido tenga el tamaño suficiente para crear la necesidad de unas islas y su fruición para llegar hasta ellas». Y esto, esta demoníaca voluntad para lo desconocido, los que estuvimos junto al Maestro lo conocimos de una manera alucinante, sentados en los parques, oyendo hablar al Maestro como un enloquecido (y puedo volver a atestiguar que nunca he tenido una experiencia semejante a ésa). Pero, lamentablemente, había un reverso...

Reverso. Y es que, la expresión del Maestro nunca se desprendió de la cerrazón católica, así como su enrevesada filosofía tampoco se liberó de una abstrusa teología.

O sea, el Maestro me hizo sentir, con sus grandes movimientos verbales, y con sus imágenes, una grandeza. El Maestro, también, me ofreció la pasión por llegar a una materialidad poética, cercana a la experiencia de Ponge, o de Duchamp. Era –así lo sentí yo– el «improbable cuerpo tocable» de la sustancia adherente, que se me volvía, de verdad, en lo concreto, en lo material, en lo que no estaba en un más allá, sino dentro del trabajo con la materia. Y era, también, el poder entrar en la humanización por la deshumanización (o sea, esa deshumanización, vanguardista, de que habló Ortega, la sentí como un camino). Pero pasado el tiempo, pude comprender que el Maestro, aunque me había hecho tocar una importante manera de acercamiento, no podía estar en el trabajo con la materia tal como yo lo necesitaba. O sea, desde el esteticismo católico del Maestro yo no podía dar un paso.

O sea, voy a tratar de aclarar lo que estoy diciendo a través del comentario de una cita del crítico Guillermo Sucre sobre la obra del Maestro. Dijo Sucre: «la obra erige su total autonomía frente a lo real. Pero si esa autonomía es la ruptura de la causalidad realista, el hecho es que por efecto de lo que Lezama llamó la vivencia oblicua; la obra penetra en «la causalidad de las excepciones»: entonces su irrealidad empieza a cobrar existencia, no porque se mimetice a lo real, sino por las transfiguraciones inesperadas que surgen de su irrealidad misma. La obra, por supuesto, no nos regresa al mundo; nos lo inventa».

Una cita, donde hay una autonomía, una vivencia oblicua. Una autonomía, y una vivencia oblicua, que junto al Maestro yo las sentí como posibilidad para emprender un gran juego surrealista, como un avance dentro de lo inconsciente, pero que no fue así, ya que el Maestro cerró las posibilidades de jolgorio onírico que todo esto tenía, para encerrarlo dentro de un aparato teológico de endemoniadas citas, casi ininteligibles. Es decir, que yo llegué a sentir en el Maestro una trancazón. O sea, sentí que al mismo tiempo que había abierto, también él había cerrado lo que parecía abrir.

Y es que, también, a mí me sucedió que tuve una especial experiencia junto al Maestro. Tuve la nostalgia del surrealismo durante el tiempo en que recibí sus enseñanzas: dos años en que, cada semana, él me iba prestando sus libros. La nostalgia, y no sólo la nostalgia, sino que bajo la lectura crítica del Maestro, escribí un libro de poemas lleno de poemas surrealistas, y de escritura automática, la *Suite para la espera*.

Rara experiencia con un Maestro. Pues escribí un libro con poemas surrealistas, donde no se podía ser surrealista. Y sentí la posibilidad de la ligereza, pero estaba en un mundo, el mundo de la revista Orígenes, donde lo que había era una trancazón. Es decir, que uno se sentía dentro de la posibilidad del brincoteo, dentro de la posibilidad de una entrevista ligereza, pero al final no se podía brincar, ya que siempre estaba la grúa claudeliana conque el Maestro agarraba los cigarros.

Y *Paradiso*, ¿yo olvido la cacareada libertad que *Paradiso* trajo? ¿*Paradiso*, no es un libro de la liberación?

No, no creo que *Paradiso* fuera un libro de la liberación, ni mucho menos. *Paradiso* es un libro contradictorio, no resuelto. Un libro que más bien expresa todas las contradicciones no resueltas del mundo de Lezama, o, más bien, no es que las exprese, ni mucho menos, sino que las delata sin que el Autor se lo proponga.

¿Cómo? ¿Qué quiero decir con eso?

(Y aquí abro un paréntesis para decir que lo que estoy intentando decir, por penúltima vez, sobre un Maestro, no es un fragmento de uno de esos tantos mazacotes ininteligibles que sobre la obra de Lezama se publican continuamente; o sea, no pretendo decir sobre posibilidad germinativa, posibilidad infinita del intercambio entre la vivencia oblicua y el súbito, sobre la poética de la hemapoética, sobre el camino hipertélico, y sobre el copón divino. Yo no sé nada de eso, ni nunca me interesó saber nada de eso. Yo sólo fui un joven, y un enfermo, y un no-escritor, que evitando el electroshock se acercó a un Maestro y lo supo comprender a su manera. A una manera diríamos como hablando de la mente bicameral nos señaló Julian Jaynes. Lo oí, desde un banco de un parque habanero, como el primitivo que escuchaba desde un hemisferio cerebral lo que le decía la voz que le hablaba el otro hemisferio cerebral. Tan sencillo como esto, y sólo esto. Dos años estuve recibiendo, semanalmente, de Lezama, cartuchos de libros –Lautreamont con sus Cantos de Maldoror, ya lo dije que fue el primero–, y también semanalmente, en el banco del parque habanero, con mi mente bicameral recibí los mensajes poéticos desde uno de mis hemisferios cerebrales. ¡Esto es así! Puede parecer delirante.

Pero fue así. Yo no escuché al Maestro como un profesor. Yo escuché al Maestro, créanlo o no lo crean, desde lo anacrónico de mi hemisferio cerebral, tal como lo ha narrado Julian Jaynes. Y cierro el paréntesis.)

Quiero decir que con *Paradiso*, Lezama se propuso alcanzar su gran ópera, su culminación, tocando todo lo que pudiera haber sido su experiencia de la vida, y el telón de fondo que estaba detrás de sus concepciones poéticas. Pero eso no sólo no lo logró, sino que lo que en el fondo hizo fue seguir con la máscara conque el Maestro siempre se presentó, y esto hasta el punto de escribir un libro donde nunca se llega a un análisis de sus conflictos, ni a un análisis de las oscuridades y contradicciones que había en la circunstancia del Maestro.

Lezama, idolatrando la imagen, la llegó a convertir en un medio de disfrazarse a sí mismo

La poesía, su tremenda intuición poética, que hubiese podido haber sido un medio para adelantar en sí mismo, y penetrar en lo inconsciente, la convirtió en una manera de escamoteo, de no verse a sí mismo, y de no denunciar la realidad.

¿Y el sexo? El sexo, y el desborde de las apariciones del sexo en *Paradiso*, sólo sirven, también, para un escamoteo. Fíjense: *Paradiso* es como un gran friso de escenas sexuales, es como un intento de mostrarse como si un Petronio tropical desplegara orgías y desorbitaciones sexuales; pero si uno se acerca bien, con lo que se encuentra es con un escamoteo.

Paradiso, decía Severo, era un libro homosexual. Pero ¿en qué sentido decía Severo esto? ¿Es un libro homosexual porque se intenta un análisis profundo de ese hecho? No, no lo es. El gran despliegue de lo homosexual que hace Lezama en su novela, sólo sirve para una chorretada de escenas barrocas, desenfrenadas, donde todo el mundo parece ser homosexual, menos el autor, ingenuamente, delirantemente disfrazado, tras la careta de un dios indígena llamado José Cemí. O sea que, curiosamente, si se mira bien, al leer a *Paradiso* se tiene la sensación de que todo mundo es maricón, a excepción del dios taíno José Cemí, hijo de un militar, que Juan Ramón confundió con un militar español.

¿Es un libro homosexual porque se defiende lo gay? En lo más mínimo, si hay un autor que no sea gay, ni que respete lo gay, es Lezama. Si se mira bien a *Paradiso*, todos los homosexuales están vistos como culpables, o como personajes de un friso infernal, o como motivos de desdén y de rechazo, pero nunca como personajes a los que habría que respetar. Tampoco, en ningún momento, las complicaciones sexuales que muestran sus personajes están expuestas para hacer un análisis psicólogico, o para tocarlos desde una perspectiva religiosa (estoy pensando en Bergman y su tremendo mundo de personajes viviendo en el descampado), sino como payasos que, o bien podrían ser motivo del rechazo, o bien servir como ejemplares para una difusa, enrevesada, e ininteligible teología católica.

Y, además, en todo este derroche de personajes homosexuales, qué hace el Autor. ¿Habla sobre su sexualidad, habla sobre sí mismo? No, el Autor siempre es un fetiche, un dios taíno, algo que no tiene que ver con nada ni con nadie de los que él continuamente está metiendo en el círculo infernal destinado por Dante a los maricones.

Y como muchas veces le consulto sobre lo que escribo a mi viejo amigo Enrique Sainz, así lo hice ahora, enviándole por email, lo que escribí sobre *Paradiso*. Y Enrique me contestó lo siguiente:

> Me interesa todo lo que me dices de *Paradiso*. Creo que ese ocultamiento es su esencia última y que su exterior, lo que hay en la novela de más visible, es un barroquismo endemoniado que trastorna a muchos de los idiotas que leen la obra y que después se ponen a hablar sobre las comidas y la familia, sobre el homosexualismo del autor y sandeces de esa naturaleza, que si la cubanía y lo americano. En estos día he pensado mucho en las calidades tremendas de los ensayos de Lezama, en la verdadera proeza que significó mantener esa tensión en su escritura en un país como éste en el que tantos y tantos se pasan la vida elogiando la pamela de Dulce María Loynaz y diciendo mentecatadas de ese tipo, pero sin duda que además de esa grandeza de sus reflexiones siempre hay detrás una entrada a zonas de ocultamiento, y vista ya su obra como un todo, sin diferencias genéricas. Su poesía es un extraño misterio (te digo esto sin misticismo de ninguna tendencia ni nada de eso, y sin ojos en blanco), y cuando la vemos desde esa perspectiva se nos esclarecen mucho de sus textos.

El ocultamiento, entonces, ¡muy bien! Eso que también ha señalado el poeta Pedro Marqués de Armas cuando nos dice que «Los cuerpos que se mueven detrás de cortinas son un motivo recurrente en la obra de Lezama», y esto porque, como también nos dice, «toda su obra está hecha de estos ocultamientos».

(Y vuelvo a abrir otro paréntesis. Recuerdo, sobre esto de atacar y burlarse de lo homosexual en *Paradiso*, un pasaje en esta novela donde aparece el escritor Edmundo Desnoes, siniestramente apareado con el pintor Wifredo Lam. La cosa dice así: «Martincito era tan prerrafaelista y femenil que hasta sus citas parecían que tenían las uñas pintadas. Estaba por la noche en casa del pintor, que le mostraba unos carreteles churingas, cuando empezó a llover con relámpagos de trópico. De pronto, el polinésico turbado por sus deseos comenzó a danzar con convulsiones y espasmos, y su pelo se le tornaba en estopa fosforescente. Picado tal vez por el azufre lejano de uno de aquellos relámpagos, se le escapó de su cuerpo una lombriz, que como una astilla se encajó en lo blando del prerrafaelista abstracto. Por la mañana, Martincito, incurable, con una pinza procuraba extraerse la posesiva lombriz.»

Un pasaje donde al novelista Desnoes se le ataca por un supuesto homosexualismo, así como por una extraña venganza personal, se trae al pintor Lam, que nunca fue homosexual, disfrazado de polinesio, y metido en la misma caldera. Pues bien, un paréntesis con grotesco pintor polinesio, éste que acabo de traer. Y, ¿qué pasa con otros episodios como estos, de los cuales está lleno el endemoniado relato de *Paradiso*? ¿Y qué pasa cuando Lezama relata a su personaje Fronesis, teniendo que hacer un agujerito en la camiseta para poder copular con su compañera? Ese relato hubiese podido ser tremendo y desgarrador, porque ese suceso Lezama lo inventó, partiendo de la experiencia que fue el lamentable, enfermo mundo, donde él vivió. Pero aquí, como en tantas partes de su relato en que Lezama tendría que haberse enfrentado a lo que fue su vida y la de los compañeros de su generación, Lezama se esconde, se vuelve a reír de los maricones, y se contenta en entrar en un delirio donde el trágico personaje Fronesis, un personaje que Lezama, repito, conoció bien, ya que fue construido con fragmentos de los que fueron sus amigos, pero que él –¿frívolamente, enloquecidamente?–, en vez de tratar de comprenderlo, lo puso a copular con un hombre dios que tenía las orejas trabadas en mosaicos azules (sic), o le ofreció unos frívolos fonemas que bien podían servir para el deleite del, a veces, también frívolo Severo, o inconscientemente, le añadió un como pretendido testimonio realista que bien les pudiera servir a esos entusiastas críticos neo-barrocos, o lo que demonio sean que, al final, como era natural que así fuera, terminaron publicando tesis, pero sin comprender nada).

Y vuelvo a dar un salto, y sigo rompiendo con la continuidad. Lo sigo diciendo: no puedo evitarlo. Así que, como sea, vuelvo a traer a mi amigo Enrique Saínz.

Vuelvo a lo que me ha dicho Enrique, quien ha visto la poesía de Lezama como un extraño misterio. Y, ¿por qué estoy hablando así? ¿Por qué los molesto a ustedes con mis saltos y no les ofrezco lo que tendría que ofrecer: una charla-ensayo sobre un Maestro? Vuelvo a tratar de justificarme, ya que me siento culpable ante ustedes: me justifico en presentarme ante ustedes como dando saltos, porque creo que esta es la única manera en que puedo testimoniar ante ustedes sobre la relación con un Maestro tal como yo la tuve. No puedo hablar sobre el Maestro con piezas intercambiables, pues sólo cuento con la experiencia emocional, última, que tuve en mi relación con él.

Un misterio que el Maestro nos enseñó a entender como una manera de vivir dentro de nosotros mismos. La poesía que podíamos sospechar dentro de nuestros gestos, dentro de un peculiar encerramiento, dentro de una manera de acogernos, dentro de una intimidad que nos íbamos como fabricando. La poesía, también, que como si fuéramos entes bicamerales a la manera de Julian Jaynes, oímos en el discurso del Maestro como si fuera una alucinación que nos llegara desde un hemisferio cerebral enloquecido.

Con el Maestro nos encerramos para vivir en la poesía. (Nos encerramos para vivir en la poesía, esto, también, tuvo después un doloroso reverso, pero en el momento en que lo conocimos, no dejo de ser deslumbrante.) Pues se vivió la poesía, dentro de un castillo que la alucinación nos fue inventando.

Era, y aquí está lo difícil de explicar, la enseñanza del Maestro, en su mejor momento, en el momento en que la conocimos, como un relato que tenía que ver con nosotros, pero que a la vez no tenía que ver con nosotros, pues había, siempre, para tratar de alcanzarla, el irnos hacia el un poco más allá de lo alucinatorio.

El Maestro nos enseñó a oír un cuento que era el cuento que siempre habíamos oído, desde nuestra infancia, pero que, a la vez, era un cuento inaudito, un cuento que nunca habíamos oído. En esto que estoy diciendo es como entiendo esa misteriosa poesía.

Y también había una como iniciación hecha con elementos muy raros.

Una iniciación que nos deslumbraba por su rareza. Yo recuerdo, y perdonen lo disparatado, una cita de un autor, Smithson se llamaba, que hablaba sobre las Peripecias de un viaje con espejos por el Yucatán, en donde nos decía que «El intentar mirar los espejos se asemejaba a una partida de billar jugada debajo del agua». Y recuerdo, delirantemente, a ese Smithson, porque también él decía, en otra cita de su trabajo sobre Yucatán, lo siguiente: «La reconstrucción en palabras, en un "lenguaje ideal" de lo que los ojos ven, es una hazaña emprendida en vano. ¿Por qué no reconstruir lo que los ojos no pueden ver? Demos forma efímera a las perspectivas desunidas que envuelven una determinada obra de arte y desarrollemos una especie de "antivisión" o visión negativa». Y, pues bien, yo quedé impresionado por estas citas del Smithson, porque en ellas reconocí lo que yo había oído de labios del Maestro.

Un método pues, el del Maestro, como compuesto por saltos. Donde teníamos que dar saltos. Saltos, para alcanzar un inalcanzable techo verbal. Y esto, con un enloquecedor barullo de citas literarias que nos retaban para que le diéramos la vuelta. La vuelta. Vueltas y vueltas. Pues no podíamos conformarnos nunca con un sentido, sino rodar y rodar.

Teníamos, continuamente, que inventarnos todo. Tan sencillo como esto.

Entonces, en el comienzo, cuando lo conocimos, estaban los mármoles:

«Ah, mi amiga, si en el puro mármol de los adioses / hubieras dejado la estatua que nos podía acompañar.»

Es el Lezama todavía joven que acompaña a Juan Ramón. Los mármoles, ahí, no resultaban extraños.

Mármoles y visión de grabados. Ese fue el comienzo, el enemigo rumor.

Pues Lezama se formó con la enseñanza de las fábulas mitológicas de España. Tenía una alta consideración por el texto, con el mismo nombre, de José María de Cossío. Me lo prestó junto con una antología de Alberti que nunca he vuelto a ver. Lezama consideraba que esos dos textos juntos eran fundamentales para un aprendizaje en la literatura española

Y, como traducción de la naturaleza del Maestro, su: «sangre de sueño blanco, de ausencia asquerosa [aquí como una carnalidad última que rompía con toda idealización] y de sanguinolento picadillo de cresta de gallo». Fijarse: ausencia asquerosa, y sanguinolento picadillo, decía el Maestro

Había una tremenda, una asmática atención en Lezama, que a veces su poesía parecía traducir, y es que, en sus mejores momentos, su poesía como que era una traducción de su naturaleza.

Digo asmática atención. Y cito el Peso del sabor, donde: «Sentado dentro de mi boca advierto a la muerte moviéndose como el objeto inmóvil sumerge su guante de hielo en las basuras del estanque. Una inversa costumbre se había hecho la opuesta maravilla, en sueños de siesta creía obligación, consumada, –sentado ahora en mi boca contemplo la oscuridad que rodea al abeto–, que día a día el escriba amaneciese palmera». Asmática... Lo corporal de Lezama. Sumergiendo el guante en las basuras del estanque. Los que conocimos al Maestro día tras día, al leer esa cita del Peso del sabor, sabíamos que él estaba hablando de una experiencia última, con lo corporal y lo íntimo, donde él trataba de expresar desde las golosas siestas, pero también desde las noches, en que según me dijo, trató de hablar con el padre.

Y esto, en una enloquecida ordenación impuesta por una imaginación enloquecida, donde parecía que se sospechaba la figura del Maestro mostrándose con un aire quevedesco, y con saltos inauditos, donde genialmente, imprevistamente, llegaba a aparecer hasta un turrón.

El turrón, lo genial. Pues entre tantas cosas, cuando el Maestro parecía como la voz de la mente bicameral, él nos dijo como desde un expreso: «Esa velocidad de progresión infinita soportada por un cordón de seda de resistencia infinita, llega a nutrirse de sus tangencias que tocan la tierra con un pie, o la pequeña caja de aire comprimido situada entre sus pies y la espalda de la tierra (levedad, angelismo, turrón, alondras).» Nos dijo, y apareció un turrón. Nos dijo y eso era la locura. La locura donde aparecía hasta un ferrocarril de mamey que alguien se comía.

O donde, a veces, mostrando su costado onírico, como cuando nos hizo ver que se había encontrado en el arco invisible de Viñales, con lo plástico, con el color, integrándose dentro de un ballet fílmico, para así, tal como lo ha soñado el pintor venezolano Cruz-Diez, sacarlo del plano, hasta «llevarlo al espacio, a las tres dimensiones».

Y parecía como que el Maestro luchaba con los componentes de su sueño, tratando de ordenarlo todo, mientras desordenaba todo.

Y esto, mientras las imágenes se le convertían en texturas. O la textura se le volvía imagen. Y esto, mientras el derroche, como alquímico, de la imaginación, parecía como desplegarse en lo inmediato, llegando a lo muy raro de inundar lo muy hermético y alambicado, con objetos que bien podíamos reconocer en aquello que nos rodeaba.

Pues parecía, a veces, que quería convertir, animar, las cosas, como colocándolas dentro de un escenario de ballet flamenco. Pues parecía mostrar, en lo que tenía el sabor de una composición plástica, objetos inorgánicos figurando como personajes de un juego alegórico, heráldico.

Y parecía distanciar a la mentira, como para facilitar que uno la viera frente a uno.

La mentira se rompió / una parte voló al cielo / y así misma se entendió / forjar como un caramelo / ¡Magna interpretación! / a la altura del balcón / Dueño de este rocío / la mentira fue forrada / y ahora yace arrebolada / en los discursos del río».

Y, en un patio morado, el Maestro lanzó, con exactitud, una observación proustiana.

Y un cuento cotidiano se le pudo convertir, dada su tendencia a incurrir en «lo grande», en un como retablo cósmico, retablo donde todo —animales, cosas— empezaban a hacer piruetas herméticas; y esto mientras que un cuento ocultista, con cierto saborcito operático, podía recordarnos a Borges.

Por lo que, notábamos que cuando nos presentaba un sucedido real, al mismo tiempo miraba hacia otro lado, hacia otro hecho, pero éste ocurrido en lo irreal.

Y aquí no puedo dejar de notar, que en Lezama existía un tipo de vocación jungueana.

En X y dos XX, nos dice: «Mientras que en las cosmologías interviene una voluntad oblicua, pero poderosísima. Muchos sienten unas obligaciones no visibles, hasta donde las llevamos decide la voluntad de penetrar con la forma de la persona en ese cuerpo oscuro que ya no es el cuerpo nuestro».

Pero, dejo a *Paradiso* y me voy a dar otro salto. Pero en el momento en que iba a dar otro salto, recibí un email de Edgardo Dobry donde esté me enviaba la reproducción de una muy buena nota que él había escrito sobre Lezama y Juan Ramón. Ahí se habla de la pretensión lezameana de alcanzar una expresión «blanca» donde la mulatería quedara borrada. Cosa que me obligó a contestarle para decirle que el inconsciente colectivo de Lezama le jugó la mala pasada: *Paradiso* y su barroco es pura mulatería; cosa que después le sirvió al Severo Sarduy para ofrecerle a los franceses unos lindos juguéticos rococó, sazonados con estetizante salsas raciales. O sea, le dije a Edgardo que Lezama pretendió colocarnos en el Panteón al cejijunto cordobés Góngora, pero su Góngora traducido le salió mulato. Pero, como ya he terminado de decir lo que iba a decir sobre Paradiso, no voy a hablar aquí sobre sobre la mulatería barroca lezameana, asunto además, del cual ya he hablado en mis Años de Orígenes. Otro salto, y tiras, y collage: como ya he dicho; no puedo, al enfrentarme por penútima vez con un Maestro, tener continuidad alguna.

Perdónenme, estoy con un Maestro que es como si hubiese desaparecido en la Atlántida, hace miles de años; yo no puedo ser coherente. ¿Cómo voy a serlo, si a veces no sé ni lo que pudo ser un Maestro? Comprendan.

He tenido un día lluvioso y como invernal en la Playa Albina donde vivo, y aprovecho para creerme que vivo en otra parte, en el otro mundo, en otra parte.

Las hojas del árbol que está frente a la ventana de mi cuarto, entonces, se están moviendo con un aire invernal. Sí, eso está muy bien. Eso, quizás, sirva para hablar sobre un Maestro, si es que el Maestro del que estoy hablando, no se ha perdido definitivamente.

Pues bien, dando otro salto, me encuentro con la escritura de la poeta Olvido García Valdés, y leo lo siguiente: «Pues quizás distingue al poema cierta actitud en la escritura, quizás tiene que ver menos con verso o con ritmo e imágenes que con cierta actitud respecto a la escritura, que lo origina; y al efecto de esa actitud quizá pueda llamársele tono».

Y como ustedes saben, existe lo llamado la necromancia. Eso es, la necromancia. El evocar a los muertos, que aquí sería el evocar al Maestro muerto.

Y entonces me enredo, pero quizás no, no me enredo; y entonces, me pongo oscuro, pero quizá no sea ponerme oscuro, y me quiero situar en la necromancia, y me apoyo en la cita de Olvido.

Vean: el poema como cierta actitud ante la escritura. Y esto, en los parques habaneros de los finales de la década del 40, era lo que enseñaba el Maestro.

El poema como una actitud, y no sólo ante la escritura sino ante lo que uno iba viviendo.

El Maestro, y vuelvo a decir que eso fue en los finales de la década del cuarenta, mostró que eso podía ser una actitud total.

Y yo no puedo dejar de repetir, y repetir, que aquello fue una gran experiencia, pero como también he repetido y repetido, aquel anverso tuvo un reverso, los Maestros siempre acaban por tener un reverso, y, además, pasan muchas cosas, los Maestros se meten en la Atlántida, y los Maestros acaban por morirse.

La necromancia. ¿Qué quiero decir? Hoy, repito, es un día con hojas moviéndose en un frío que puede hasta ser literario.

Y yo, repito, y repito, quisiera hablar de un Maestro, y de lo que pudo ser un Maestro, pero ahora, en este momento, me asalta la sospecha de que hablar sobre un Maestro ido, puede ser cosa de necromancia.

¿Es así?

¿Hay que entrar por el arte de conjurar a los muertos?

Pero ¿cómo se conjura a un Maestro muerto? ¿Dónde está un Maestro muerto?

Yo acabo de decir, siguiendo una cita de Olvido, que el Maestro, sentado en los parques habaneros, nos enseñó una actitud, una actitud del poema que podía servirnos para enfrentar la vida.

Pero eso ahora, eso ahora, pasado los años, ¿qué es lo que quiere decir? ¿Eso no es como lo muy lejano, como lo que dijo un Maestro muerto, y que ya sólo a través de la necromancia lo podríamos revivir?

¿Hablar de un Maestro no es hablar de lo que se murió? ¿Cómo yo puedo saber lo que un Maestro dijo?

Pues las etapas de la muerte de un Maestro tienen distintas maneras de recordar su enseñanza.

La primera vez que yo supe de la muerte del Maestro fue en New York, en un día helado. Fue por la mañana. Abrí la puerta, me encontré con Carlos Eme, un amigo viejo, colaborador de la revista *Orígenes*, quien llorando me dijo: Lorenzo, Lezama se murió.

Entonces fue cuando yo emprendí la revisión de mi vida, *Los Años de Orígenes*. Fue mi primer enfrentamiento, en un helado New York, donde escribí mi testimonio sobre aquel Orígenes, donde un grupo de enloquecidos seguidores del Maestro, los seguimos durante la década del 50.

Así que escribí un libro, y el Maestro, me lo dijo Carlos Eme en un día helado de New York, se había muerto. Se había muerto, pero todavía no se había muerto. No había llegado el momento de buscar la necromancia.

Pasaron los años, y ya yo no estaba en New York, sino en Playa Albina, emprendiendo mi autobiografía, *El Oficio de perder*. Otro paso más, distinto del que había marcado mi estancia en New York. Otro paso que ya no era, no podía ser lo que había pensado y sentido sobre el Maestro, así que en mi autobiografía escribí: «Pero llegado aquí, voy a sacar unos trapos morados de Viernes Santo, para tapar las imágenes. Creo que esto sea lo mejor. Que todo aquello, hiperbólico e hipostasiante, quede cubierto.»

¡A meter a Lezama, a Cintio, a Eliseo, y al que sea, en su nicho, con su trapo morado de Viernes Santo, cubriéndolo! Esta exigencia es la que, al final, encuentro en pasaje del Laberinto que construyo.

Así que dejo atrás a La Habana defendida por el Padre Gaztelu (…), o a Gastón Baquero (…), con Mozart tocando el violín mientras una niña húngara hacía pipí junto al Danubio. O a Fina que, según Lezama tocaba el tambor de la ternura (sic). Todo eso pertenece a un pasado que, ya no recuerdo bien, ni tampoco, ya, deseo recordarlo».

Una curiosa experiencia para el que se forma con un Maestro: partiendo de una influencia, intentar desprenderse de ella. Yo, cuando escribí Los años de Orígenes, me moví dentro de esa situación. Después, pasados los años, entre otras cosas, he tratado de convertir en juego, lo que en un principio fue una revelación.

¿Qué queda de un Maestro? Esta es la pregunta. Y ¿valió la pena emprender una experiencia tan dolorosa como la que fue la relación con un Maestro, cuyo mundo no tenía nada que ver conmigo? Francamente, no sé responder a esa pregunta. Así como tampoco he podido llegar a una reconciliación.

La paradoja a la que hay que enfrentarse cuando consideramos lo que fue nuestra experiencia con un Maestro.

O sea, lo que quizás quiero decir es que cuando nos decidimos a aprender con un Maestro, el resultado puede ser el llegar a saber que se ha estado… —no sé como decirlo—, que se ha estado en lo semejante a un teatro. Saber que el espacio que ellos, los Maestros, nos propusieron, se pudiera asemejar a un escenario.

Pero, ¿cuánto queda de haber estado frente a los delirios de un Maestro? Quizás una fe. Una fe en seguir indagando en la imagen a contra lo que sea, y aunque muchas veces se tema que no se va a llegar a ningún resultado.

O sea, quizás quiero decir que estoy aquí, a los ochenta y dos años, de nuevo hablando del Maestro, y diciéndome a veces que el resultado del encuentro con él, aunque tuvo una dimensión dolorosa y negativa, algo se consiguió con ella. ¿Se consiguió…? Aunque no sé, a veces estoy en un mar de contradicciones.

Las orientaciones, los puntos en que me situó el Maestro, ¿cuáles fueron? Bueno..., como ya las he asimilado, como ya forman parte de mi imaginario, puedo decir que ya he perdido las huellas que me podrían conducir a identificar, con exactitud, lo que ha sido mi asimilación.

Lo que le debo, principalmente, es haber conocido su devoción por la Literatura. Pero esto, como creo que siempre debe ser cuando se tiene una relación con un Maestro, me llevó a distanciarme partiendo de lo que éste me enseñaba.

Sí, una asimilación del Maestro que, al final, me condujo a situarme en una posición absolutamente distinta a aquella en que la que él estaba situado.

Y es que, mientras él siempre exaltó la letra, considerándola dentro de un Espíritu catolicón y romántico, yo sentí el apego a la letra, pero por la letra misma. Es decir, sentí un apego a la letra por la letra que, entre otras cosas, me condujo a la pasión por las estructuras cubistas, así como a la pasión por el juego.

También, lo que le debo, y aunque ya se me han perdido las huellas de su enseñanza, ha sido lo que pudiera resumir en el título de mi último texto: «Lo que voy siendo». Efectivamente, creo que el Maestro me enseñó que la Literatura era una gran ayuda para crecer.

Y es que, repito, cuando lo conocí, yo estaba al borde de una gran crisis, donde el psiquiatra me recomendó el someterme a los electroshocks, pero de esta crisis pudo salvarme la entrega absoluta al aprendizaje literario, el curso..., délfico o como rayos se pudo llamar que, quizás, me salvó de lo peor.

Y, por supuesto, repito, rechazo y vuelvo a rechazar todo el matalotaje de 'tradiciones', catolicismo, y grandes delirios con la hipérbole, indisolublemente unidos al Maestro.

O sea, rechazo el andamiaje de ciudad barroca, presidida por el Espíritu Santo, conque se mostró Lezama, pero reconozco y agradezco la tremenda, pero sencilla –sencilla por humana– manera en que un Maestro cubano –independientemente de su excesivo y empinguirotado discurso barroco– pudo ayudar a situarme, a través de la Literatura, en el camino de «Lo que voy siendo».

Pese al delirio verbal de Lezama, pese a su desaforado barroquismo, se siente la presencia humana de Lezama. No quisiera hablar del asma de Lezama. Ya se ha dado mucha guerra con ese asunto. Se ha dado tanta guerra, que resulta odioso leer sobre la escritura de Lezama y el asma. Es un verdadero horror toda la retórica que se ha utilizado para hablar de eso. Sin embargo, a veces uno puede sentir la presencia del asma, de la respiración. El peso, el peso del sabor. Recuerdo cuando Lezama dice: «Sentado dentro de mi boca advierto a la muerte moviéndose como el abeto inmóvil sumerge su guante de hielo en las basuras del estanque.» Y se siente la presencia del asma, como indisolublemente unida a la atención. Rara mezcla, pues la atención, lo pasivo, diríamos que lo inmóvil, se une con la angustia, con la trepidación del asma. Quizás eso sea lo que, ahora, más recuerdo del Maestro.

> Conferencia dictada el 29 de abril de 2009 en el Caixa Forum de Madrid para el ciclo *De poeta a poeta*, organizado por Edgardo Dobry, y reproducida de manera fragmentaria en la revista *Encuentro de la Cultura cubana* 53/54 (2009) y en *Diario de poesía* 79 (2009 / 2010).

Biobibliografía de Lorenzo García Vega

1926. Nace en Jagüey Grande, Matanzas, Cuba, el 12 de noviembre.

1944-1956. Miembro del destacado Grupo Orígenes, junto a José Lezama Lima, Cintio Vitier, Eliseo Diego, Fina García Marruz, etc. Sin dudas, el grupo literario cubano más importante del siglo xx y uno de los más renombrados del mundo hispano.

1948. *Suite para la espera* [poesía]. La Habana: Orígenes.

1952. *Espirales del cuje* [novela]. La Habana: Orígenes. (Por este libro recibe el Premio Nacional de Literatura.)

1954. Se gradúa de Doctor en Derecho en la Universidad de La Habana.

1960. *Cetrería del títere* [relatos]. La Habana: Universidad Central de Las Villas.

1960. *Antología de la novela cubana* [antología]. Compilación, prólogo y notas de LGV. La Habana: Dirección General de Cultura, Ministerio de Educación.

1961. Obtiene el doctorado en Filosofía y Letras por la misma Universidad.

1968. Sale de Cuba y se radica en Madrid, España. Permanecerá en esta ciudad poco más de un año.

1970-1977. Se muda a Nueva York. Permanece casi todos los años setenta en Estados Unidos.

1972. *Ritmos acribillados* [poesía]. Prólogo de Mario Parajón. Nueva York.

1974. *Rostros del reverso (1952-1975)* [Diario]. Caracas: Monte Ávila [Colección Continentes].

1977-1980. Se muda a Caracas, Venezuela.

1979. *Los años de Orígenes* [ensayo/memorias]. Caracas: Monte Ávila (Nueva edición 2007 en Buenos Aires: Bajo la luna).

1980. Se radica definitivamente en Miami, la célebre «Playa Albina» de sus textos.

1991. *Poemas para penúltima vez 1948-1989* [poesía]. Miami / Caracas / Santo Domingo: Escandalar / Saeta Ediciones.

1993. *Variaciones a como veredicto para sol de otras dudas. Fragmento de una Construcción 1936* [Poema]. Miami, La Torre de Papel.

1993. *Espacios para lo huyuyo* [relatos]. Miami: La Torre de Papel [Colección Contemporáneos, Narrativa].

1993. *Collages de un notario* [testimonio, memoria, ensayo, relato]. Miami: La Torre de Papel.

1998. *Vilis* [prosa]. France: Éditions Deleatur [Colección Baralanube].

1999. *Palíndromo en otra cerradura. Homenaje a Duchamp* [microrrelatos]. Venezuela: Pequeña Venecia (Reedición española 2011: Barcelona: Barataria [con prólogo de Patricio Pron]).

2003. *Cómo hacer un cuento con Guido, seguido de Un cuento con Guido Llinás* [plaquette]. Montreuil: Ediciones del Peral.

2004. *El oficio de perder* [memorias]. Puebla: Benemérita Universidad Autónoma de Puebla [Colección Asteriscos] (Reedición española 2005: Sevilla: Renacimiento [con prólogo de Antonio José Ponte]).

2005. *Papeles sin ángel* [microrrelatos]. Miami: La Torre de Papel [Colección Contemporáneos, Narrativa].

2005. *Cuerdas para Aleister* [microrrelatos]. Buenos Aires: tsé-tsé [Colección Archipiélago, Prólogo de Rafael Cippolini].

2005. *No mueras sin laberinto. Poemas (1998-2004)* [antología]. Selección y prólogo de Liliana García Carril. Buenos Aires: Bajo la Luna.

2007. *Devastación del Hotel San Luis* [novela] Buenos Aires: Mansalva.

2008. *Lo que voy siendo. Antología poética* [antología]. Selección y prólogo de Enrique Saínz. La Habana: Torre de Letras [existe reedición en Ediciones Matanzas, 2009].

2010. *Son gotas del autismo visual* [microrrelatos]. Ciudad de Guatemala: Mata-Mata Ediciones Latinoamericanas.

2011. *Erogando trizas donde gotas de lo vario pinto* [microrrelatos]. Madrid: Ediciones La Palma.

2012. Muere el 1 de junio en Miami, Estados Unidos.

Póstumos

2013. Ficción en cajitas [Antología narrativa]. Selección y prólogo de Pablo de Cuba Soria. Ecuador: Fondo de Animal Editores [Colección Hipocampo].

INÉDITOS

El cristal que se desdobla [diarios / prosa].
Rabo de anti-nube [diarios].

Agradecimientos

El editor y las instituciones gestoras de este volumen quieren dejar constancia del apoyo recibido, en todo momento, por parte de los autores o sus representantes para la realización *express* de esta antología y, en especial, del fotógrafo Pedro Portal y el pintor Arturo Rodríguez para la confección de la portada. También, por supuesto, a Marta Lindner, viuda de LGV, y a Edgardo Dobry, Daniel Samoilovich e Irina Garbatzky, por su apoyo.

A todos, más que gracias.

Autores

Jorge Luis Arcos (La Habana, 1956). Poeta y ensayista. Ha publicado los poemarios *Conversación con un rostro nevado* (1992, Premio Luis Rogelio Nogueras), *De los ínferos* (1999, Premio Internacional Rafael Pocaterra), *La avidez del halcón* (2002, Premio Internacional Rafael Alberti), *Del animal desconocido* (2002, Premio Internacional Casa de Teatro), y *El libro de las conversiones imaginarias* (2015). Además de varios libros de ensayo sobre el grupo Orígenes, publicó en La Habana *La palabra perdida* (2003), y en Madrid, *Desde el légamo* (2007), ensayos sobre poesía y pensamiento poético. También antologó *Las palabras son islas. Panorama de la poesía cubana del siglo XX* (2000). Su último libro de ensayo, *Kaleidoscopio. La poética de Lorenzo García Veg*a, se publicó en 2012 en Madrid. Vive en San Carlos de Bariloche, Argentina.

Margarita Pintado (Bayamón, 1981). Poeta, ensayista y crítica literaria puertorriqueña. Publicó en 2012 el libro de poemas *Ficción de venado*. Fue coautora, junto a LGV, del blog *Ping-Pong Zuihitsu*, activo desde 2009 hasta 2011. Se doctoró en la Universidad de Emory, Atlanta, con la disertación *Lorenzo García Vega: Poeta sin paisaje*. Vive en los Estados Unidos.

Antonio José Ponte (Matanzas, 1964). Poeta, narrador y ensayista. Ha publicado *Asiento en las ruinas* (poesía, 1997), *Las comidas profundas* (ensayo, 1997), *El libro perdido de los origenistas* (ensayo, 2002), *Contrabando de sombras* (novela, 2002), *Un arte de hacer ruinas y otros cuentos* (cuento, 2005), *La fiesta vigilada* (novela, 2007) y *Villa Marista en plata* (ensayo, 2010). Es vicedirector de *Diario de Cuba*. Vive en Madrid.

Marcelo Cohen (Buenos Aires, 1951). Escritor y traductor. Ha publicado varias novelas, entre ellas *Insomnio* (1985), *El testamento de O'Jaral* (1995), *El oído absoluto* (1989) y *Donde yo no estaba* (2006), volúmenes de cuentos como *Los acuáticos* (2001) y los libros de ensayos *Realmente fantástico* (2003) y *Música prosaica* (2014). Es codirector de la revista de artes y letras *Otra parte*.

Sergio Chejfec (Buenos Aires, 1956). Entre 1990 y 2005 vivió en Caracas, y desde entonces reside en Nueva York. Ha publicado las novelas *Lenta biografía* (1990), *Moral* (1990), *El aire* (1992), *Cinco* (1996), *El llamado de la especie* (1999), *Los planetas* (1999), *Boca de lobo* (2000), *Los incompletos* (que contó con el apoyo de la beca Guggenheim, 2004), *Baroni: un viaje* (2007) y *Mis dos mundos* (2009). Es autor también de los libros de poemas *Tres poemas y una merced* (2002) y *Gallos y huesos* (2003), y del libro de ensayos *El punto vacilante* (2005).

Gabriel Bernal Granados (Ciudad de México, 1973). Tiene publicados, entre otros, *Sobre una hoja* (poesía, 2010), las prosas de *Historia Natural de Uno Mismo* (2003), *La guerra fue breve* (2009) y *Detritos* (2015), y *Murallas* (narrativa, 2015). Ha traducido prácticamente toda la bibliografía en español del escritor norteamericano Guy Davenport. De 1992 a 2013 fue editor en México de la revista *Mandorla: New Writing from the Americas*, y es director fundador del sello Libros Magenta, junto a Ana Rosa González Matute. En 2002 tuvo una residencia para escritores en el Bellagio Study and Conference Center, de Bellagio, Italia, gracias a una beca concedida por la Fundación Rockefeller.

Rafael Rojas (Santa Clara, 1965). Historiador y ensayista cubano. Autor de varios libros sobre historia intelectual y política de México, Cuba y América Latina, entre los que destacan *José Martí: la invención de Cuba* (2000), *Tumbas sin sosiego. Revolución, disidencia y exilio del intelectual cubano* (2006, Premio Anagrama), *Motivos de Anteo. Patria y nación en la historia intelectual de Cuba* (2008), *La máquina del olvido. Mito, historia y poder en Cuba* (2012), *La vanguardia peregrina*.

El escritor cubano, la tradición y el exilio (2013) e *Historia mínima de la revolución cubana* (2015). Vive en México.

CARLOS ESPINOSA DOMÍNGUEZ (Guisa, 1950). Crítico e investigador. Estudió una licenciatura en Teatrología en el instituto Superior de Arte de La Habana y un doctorado en Español en Florida International University. De 1986 a 1998 residió en España. Ha compilado y prologado varias antologías y es autor numerosos libros de investigación y ensayo, entre ellos *Cercanía de Lezama Lima* (1986), *Lo que opina el otro* (2000), *El Peregrino en Comarca Ajena* (2002), *Virgilio Piñera en persona* (2003) y *Del buen uso de las enfermedades* (2009). Trabaja como profesor en Mississippi State University, Estados Unidos.

PABLO DE CUBA SORIA (Santiago de Cuba, 1980). Ha publicado los cuadernos de poesía *El libro del Tío Ez* (2005) e *Inestable* (2011), además del libro de ensayos *La última lectura de Orlando. Ensayos sobre poesía cubana* (2014). Vive en Richmond (Virginia, USA) donde es profesor de Lengua y Literatura hispanas en Virginia Commonwealth University.

ENRICO MARIO SANTÍ (Santiago de Cuba, 1950). Uno de los directores académicos más importantes a nivel internacional, ocupa la cátedra William T. Bryan de Estudios Hispánicos en la Universidad de Kentucky, Lexington. Ha publicado los ensayos de *Escritura y tradición* (1988), *El acto de las palabras. Estudios y diálogos con Octavio Paz* (1997), *Bienes del siglo. Sobre cultura cubana* (2002) y *Mano a mano. Ensayos de circunstancia* (2013), y tenido a su cargo, entre otras, ediciones críticas de títulos de Fernando Ortiz, Reinaldo Arenas y Octavio Paz.

CARLOS A. AGUILERA (La Habana, 1970). De 1997 a 2002 codirigió en Cuba la revista de literatura y política *Diáspora(s)*, una de las más importantes en los últimos años en la isla. En 1995 ganó el Premio David de poesía en La Habana, en 2007 la Beca ICORN de la Feria del libro de Frankfurt, y en 2015 la Beca Cintas, en Miami. Ha publicado, entre otros, *Lorenzo García Vega. Apuntes para la construcción de una no-poética* (ensayo, 2015), *Clausewitz y yo* (nouvelle, 2015), *El imperio Oblómov* (novela, 2014), *Discurso de la madre muerta* (teatro, 2012) *y Teoría del alma china* (relatos, 2006). Actualmente codirige el fanzine *Carne Negra*. Vive en Praga, República Checa.